JN439299

삶을 깨우는 아침단상

삶을 깨우는 아침단상

김창희 수필집

계간문예

감사합니다

40여 년 간을 학교라는 울타리에서만 살다가 2016년 8월말에 정년퇴임을 했다.

몸과 마음이 자유로운 백수가 되어 제주살이 1주일도 해보고 국내외 여행과 운동을 하면서 하루하루를 보내다보니 노는 것도 적응이 되고 틀이 잡혀갔다.

그런데 학교에 근무할 때 업무상 엮어진 인간관계를 정리하고 나니 허전함과 공허함이 외로움처럼 밀려왔다. 그래서 새벽에 일어나 핸드폰 카톡으로 시작한 '아침 단상' 이 190회가 넘었다.

등단한 작가는 아니지만 지나온 삶을 돌아보며 세상을 새롭게 읽어보려고 노력했다. 무엇보다 재미있고 공감이 가는 글이 되도록 4부로 구성해 보았다.

1부 '아침을 깨우며' 는 잊혀진 기억을 되살리기 위해, 2부 '사랑을 위하여' 는 나의 존재와 가족의 이야기를, 3부 '세상을 바라보기' 는 하고 싶은 말을, 4부 '여기까지 오면서' 는 한 길을 걸어온 교육에 대하여 쓴 것이다.

진솔한 마음으로 쓰기는 했지만 정선되지 못한 글을 모아 '아침 단상' 이란 제목으로 책을 엮으려니 흐뭇한 마음보다는 부끄러운 마음이 앞선다.

지금까지 나를 인도해주신 하나님 은혜에 감사드리며, 그동안 부족한 글을 매일 아침 읽어주시고 격려해주신 많은 분과 책으로 엮어 세상의 빛을 보도록 도와준 사랑하는 자녀들에게 고마운 마음을 전한다.

2018. 4. 7.

김 창 희

■ 목차

1부

아침을 깨우며

2부

사랑을 위하여

3부

세상을 바라보기

4부

여기까지 오면서

1

아침을 깨우며

하얀 목련이 필 때면

목련은 '연꽃처럼 생긴 아름다운 꽃이 나무에 달린다.' 라는 뜻을 가지고 있는 이른 봄에 피는 꽃이다. 꽃말처럼 숭고한 자태는 잎보다 꽃이 먼저 피어 그 고결함을 더한다.

나는 하얀 목련을 좋아한다. 아직도 추운 겨울이 남아있는 담장 너머로 눈이 시리도록 하얀 꽃망울이 톡톡 터지는 날이면 묵은 기억도 생명을 얻는다.

국민학교 다닐 때이다. 지금은 땅끝이라는 이름으로 잘 알려져 있지만, 내 고향은 월출산 남쪽에 있는 해남 계곡이라는 농촌마을로 제법 부촌이었다. 걸어서 1시간 거리에 있는 국민학교는 12학급 규모였는데 남녀가 같은 반에서 공부하였다. 3학년 때인가 전학 온 여학생이 있었는데, 6학년 때 같은 반이 되었다. 당시 농촌에서 볼 수 없는 하얀 얼굴에 세라복에 란도셀 가방을 메고 다녔다.

누군가 했던 말인데, 아버지는 의사로 서울에 있고 엄마가 아파서 요양 차 시골에 왔단다. 공부도 잘해서 늘 1등을 했다. 별에서 온 천사처럼 볼 때마다 모두의 가슴을 설레게 했었다.

그때는 중학교 입시가 치열해서 매달 시험을 봐서 성적순으로 앞에서부터 자리를 정해 앉았다. 나는 5등에서 7등을 오락가락 했는데, 이때만큼 공부가 중요하다는 것을 실감해 본 적이 없었다. 죽어라 공부했지만 석 달을 바라만 보다가, 드디어 2등으로 올라왔을 때 속도 모르는 엄마는 좋아서 아들 자랑을 동네방네 하고 다녔다.

그때부터 학교 가는 것이 정말 즐거웠다. 특히 점심시간에 함께 먹는 그 애의 도시락은 환상적이었다. 맛이 없다고 나에게 먹으라는 계란말이, 머리와 똥을 뺀 그 귀한 멸치 볶음은 지금 생각해도 수준 높은 경제력과 음식 솜씨를 말해주는 것이었다. 그로인해 등하교시 가방 들어주기와 보디가드는 당연히 내 몫이었고 의무이며 권리였다.

나는 없는 핑계를 만들어 그 애 집 주변을 자주 갔었는데 담장이 높고 큰 대문이 있었다. 지금도 잊을 수 없는 것은 시골에는 흔치 않는 그 애를 닮은 하얀 목련 꽃이 담장 너머로 활짝 피어 있어 더욱 고결함을 느끼게 하였다. 이런 나를 더욱 목련꽃으로 묶어 놓은 계기는 그 애가 고맙다고 꺾어다 준 목련꽃 한 송이가 아직도 시들지 않고 내 가슴에 남아 있기 때문이다.

목련꽃 같았던 얼굴이 하얀 그 애에 대한 추억은 6학년 가을에 끝났다. 그 애 어머니가 세상을 떠나자, 미국으로 유학 가는 아버지를 따라 전학을 갔기 때문이다.

지금도 봄이 오고 하얀 목련꽃이 필 때면 별에서 온 그 애가 생각난다. 그래서 추운 겨울에도 앙상한 가지에 꽃망울이 맺히면 연꽃처럼 부풀은 기억이 살아날 나의 봄을 기다리고 있다.

인생의 관점

누구나 나이를 먹는다. 그래서 노인이 된다. 세월이 나이 따라 흐른다고 하더니 이제는 실감이 난다.

내 마음대로 하고 싶던 10대에는 1년이 천년처럼 길기만 하더니, 50대가 되니 자고나면 정년이 눈앞에 다가오고 남은 세월보다 지나온 그림자가 길게만 느껴졌다.

부모님 덕에 살아온 어린 시절엔 세상이 공부만 하면 다 되는 줄 알았다. 그래서 모든 정답이 엄마 얼굴에 있었다. 장래 희망이나 꿈까지도 엄마의 기분에 따라 자주 바뀌었고, 단지 힘든 것은 엄마 친구 자식이 나보다 잘하는 날이 많은 것이었다.

대학을 졸업하고 취직, 결혼을 하고 나니 세상이 참 넓고 힘들었다. 잘해도 못해도 다 내 탓이고 누구 하나 그냥 넘어가 주지 않으니 어른은 나이 먹는다고 그냥 되는 것이 아니었다.

갑자기 넓어지고 소홀할 수 없는 인맥들이 쉬는 날도 목을 졸라매고,

소파에 누워 TV라도 볼 수 있는 것도 호사가 되었다.

인생의 황금기라는 40대에는 격차가 뚜렷해진 신분의 차이, 처자식 눈치, 끝없는 업무의 압박, 불안한 미래 때문에 아침마다 후회하며 속쓰린 어리석음을 되풀이하고 살았다.

잘 나가는 선배는 '복 있다 생각하고 살아가는 사람이 복을 받는다.'며 하늘도 스스로 돕는 자를 돕는다고 했다.

안 팔리는 상인은 운이 없는 것이지만, 장사를 말아먹는 상인은 몹쓸 사람이란다.

장사를 상술이라고 생각하는 사람은 눈앞의 이익에 집착하여 조금 벌다 말고, 장사를 상도라 생각하는 사람은 이익보다 사람을 많이 남겨 오래 크게 대박을 터뜨린다고 한다. 인생을 상도라 믿고 살면 노후가 편안하고 길다.

인생이 어디 한두 가지로 결정되는가?

어떤 부모를 만났는가를 시작으로 내가 결정한 선택과 노력, 알게 모르게 도와주는 행운, 마지막 결정은 하나님의 은혜까지 있어야 성공과 행복이란 부러움을 받을 수 있는 것이다.

가랑비가 어디 빗방울이 굵어 옷을 적시던가? 날마다 생각하고 입으로 내뱉는 말들이 내 인생이 된다.

바꿀 수 없는 인생을 한탄하지 말고 생각의 관점을 바꾸어보자.

대학 다니며 술집에서 일하는 여자는 세상의 수많은 비난의 욕으로 만신창이가 된다. 그러나 술집에서 일하는 여자가 대학을 다니면 대단하다고 동정과 찬사를 받는다.

같은 펙트라도 보는 관점에 따라 천당과 지옥을 오갈 수 있으니 현명한 자는 바뀐 관점으로 행복한 삶을 살 수 있다.

기회는 또 온다. 준비하고 기다린 사람은 조금 늦을 수는 있어도, 포기하고 실패한 사람은 기회가 오지 않는다.

새해 아침에 수없이 많은 복들이 내게로 굴러온다. 그저 그런 복이라 지나치지 말고 올해에는 나에게 절실한 복을 꼭 움켜쥐었으면 좋겠다.

못한 것과 안한 것

어린 자식이 해야 할 것을 하지 않으면 가르치면 된다. 그 일이 힘은 들지만 마음에 앙금이 남지 않는다. 그러나 자식이 다 큰 지금에는 기대한 만큼 따라주지 않으면 서운하지만 대놓고 말하기도 쉽지 않다.

경험이 없는 자는 잘못을 저지르기 마련이다. 그것이 실수가 될지, 실패가 될지는 마음 한자락으로 달라진다.

잘못을 인정하면 실수가 되고, 인정하지 못하면 실패가 된다.

그 실수는 경험이 되어 약이 되지만, 실패는 좌절을 남기고 추락한다.

그런데 알만큼 아는 사람인데도 대다수 사람이 알고 있는 사실을 혼자만 모르는 경우가 있다.

현직에 있을 때이다. 동학년에 나이가 좀 든 샘이 있었는데 이 분의 행동을 안주 없이 한 시간을 성토하곤 했다.

사연은 여러 가지이지만 까발리기에는 좀 쑥스럽다. 회식 때 숫자만큼 나오는 음식을 먼저 두개를 먹는다던가, 동학년 협의실에서 차를 마셔도

한 번도 자기 컵을 치우지 않는다.

더 웃기는 것은 자기는 챙기면서도 다른 사람 애경사에 한 번도 참여하지 않는다는 것이다.

누구나 자기 잘못을 인정하기 싫은 자존심은 있다. 아부를 잘 하는 것처럼 보이는 사람도 천성적으로 아부가 좋은 사람은 없다.

세상이 다 그러니까, 내가 살기 위해서 어쩔 수 없이 귀찮고 힘들어도 해야 할 것은 하고 산다.

누구는 그러더라 '자기는 절대 그렇게 못한다.' 고. 존경스럽지만 안타까웠다. 끝까지 변치 않고 후회하지 않기를 바란다.

쉽게 자신을 되돌아 볼 수 있는 사람은 일어서는 것도 빠르다.

옛 사람들이 이르기를 시대에 짓밟히는 자를 범부라 부르고, 시대를 이용하는 사람을 간웅이라 하며, 시대를 이끄는 사람을 영웅이라 부른다.

간웅을 욕하고 영웅만 칭찬하는 범부가 많은 세상이다. 그래도 자기 것은 자기가 지켜야 한다. 남 때문에, 남편 때문에, 자식 때문에 못살겠다고 하는 사람은 불행의 터널을 빠져 나오기 쉽지 않다.

먹고 싶은 것이 있으면 자식이나 남편이 사주기를 기다리지 말고 내 돈으로 사먹자. 해외여행도 다리 떨릴 때 가려고 하지 말고, 가슴 떨릴 때 다녀오자. 이런 것 몰라서 못한 것이 아니라 알면서도 안한 것이다.

핑계는 우리 나이에 어울리지 않는다. 더 늦기 전에 카톡에 댓글도 달고 맘속에 든 쓰리고 묵은 것 꺼내어 서로 위로도 받고 시원하게 털어버리자.

내 속이 썩으면 자식도 남편도 존재하지 않는다.

답답하다. 남들이 아니라 내가….

못 가본 길

프루스트의 '가지 않은 길' 은 지금까지도 나에게 계속되고 있다.

노란 숲 속은 아니어도 언제나 두 갈래 길이 있었고 그때마다 힘든 선택을 요구했다.

오랫동안 서서 두 길을 내려다보기도 했고, 알만 한 사람의 조언을 듣기도 하고 밤새워 눈이 빨갛게 고민도 해보았다.

그러나 마지막 순간에는 떨리는 두려움과 아쉬운 망설임 속에 최선이란 단서를 달고 돌아올 수 없는 길을 걸어왔다.

지금도 잊을 수 없는 선택은 고교진학 때 공고 기계과의 선택이었다. 당시 기술이 국가의 제일 과제이었고, 여러 가지 기계를 잘 망가뜨리는 단순한 호기심을 적성으로 착각한 누나의 조언은 결정적이었다.

배후에는 어려운 가정 형편이 도사리고 있었음은 알고도 드러내지 못할 아픈 상처로 남아있다. 결국 기술자의 꿈은 3년을 아슬아슬한 일탈로 마무리 짓고 말았다.

그때 쇠를 늘 만져서 손에 동상이 들어 손가락 매듭이 굵어져 지금까지도 반지를 끼지 못한다.

그후 야간대학이라도 가겠다는 결심으로 당시 5급 공무원 시험에 응시하여 합격하였지만, 면접 일을 확인 안하고 친구들과 어울리다 낙방하고 말았다. 가보지 않는 길에 대한 미련은 강하다. 지금도 가끔 두 길을 다 가지 못하는 것을 안타깝게 생각한다.

여기서 끝났으면 어떻게 되었을까? 1년을 눈물 흘리며 농사를 짓고 나서 탈출구로 선택한 것이 교대였다. 당시는 2년제로 남자에게는 군대를 면제해주는 해택이 있었다.

무임승차는 아니다. RNTC 교육을 받아야하고 5년간 의무 근무도 해야 한다. 이번 선택은 '자의 반 타의 반' 이란 변명을 입에 달고 교대를 다녔으니 치기가 대단했다.

더구나 존경하는 여교수의 일갈은 아픈 상처에 소금을 뿌렸다.

'용기 있는 사람은 99% 길을 갔을지라도, 자기 길이 아니라면 돌아서서 자기 길을 간다.'

용기 없음을 탓하는 동안 2년이 끝났다. 엎친데 덮친 격으로 3년을 발령 못 받고 어쩔 수 없는 백수 수련생이 될 수밖에 없었다.

그래도 죽으라는 법은 없는 모양이다. 졸업하던 2월에 지방공무원 시험에 다행히 합격하여 4월부터 근무하게 되었는데, 그것도 넘쳐나는 젊음을 주체할 수 없어 석달을 겨우 채우고 때려치우고 말았다.

그렇게 우여곡절을 거쳐 교사가 되어 오늘에 이르렀는데, 그 많은 미숙한 선택에도 '합력하여 선을 이룬다.' 는 사랑을 흠뻑 받았다. 하나님의 은혜에 깨달음이 늦고 뜨겁지 못하지만 믿음의 확신은 변하지 않고 가지고 있다. 그래서 하나님께 늘 감사하고 산다. 가끔 내 손가락에 생긴

밴드 붙인 상처가 다른 사람의 다리 부러짐보다 더 아프게 느낄 때를 제외하고는 부족함이 없다.

두고 온 길,
가보지 못한 길을 아쉬워하며
돌아보는 이 아침에,

남은 삶이라도 받은 사랑을
조금씩 갚아가면서 살아야겠다는 마음이 뜨거워진다.

뭣도 모르는 것들

명절이 가까워진 것 때문인지 어제 밤 꿈속에서 먼 고향에 혼자 다녀오느라 조금 피곤하다. 그 곳에는 오래 전에 돌아가신 분들이 아직도 살아계셨다. 내 인사를 반갑게 받아주시는 그분들 앞에만 서면 현실은 회갑을 넘었는데도 여전히 철부지 모습을 하고 있었다.

기억도 아스라한 그 시절에 서울에서 명절날 선물 보따리 들고 내려오는 형을 둔 이웃집 친구 녀석이 그때만큼 부러운 적이 없었다.

대학 다니는 형까지 원망하며 투정을 부리는 나에게 아버지는 곧잘 말씀을 하셨다.

'뭣도 모르는 것들이, 쯧쯧!' 한참을 지나서 안 사실이지만 그 형들은 형편이 어려워 중학교만 나와 서울에서 공장을 다니고 있었다.

해남 촌놈이 서울만 가면 그냥 쉽게 돈을 벌줄 알고, 명절날 가져온 포장된 선물 보따리의 무게도, 하루 종일 차타고 시달린 그 고생을 몰랐으니 친구 손에 쥐고 있는 크고 빨간 사탕이 침 흘리게 부러울 수밖에 없었다.

나도 한 때는 그 뭣 좀 가르치고 산 사람이었다. 그런데 퇴임하고 나니 백화점에서도 은행창구에서도 뭣도 모르는 사람이 되곤 한다. 더구나 어제 밤처럼 고향 어른께 '얼굴 좋아 보이십니다.' 하고 인사했다간 '뭣도 모른다.' 고 핀잔을 듣곤 한다.

그 뭣은 아마도 말하는 사람이 사실의 70% 정도만 말하고, 듣는 사람도 70% 정도만 알아듣는 모양이다. 그래서 결국은 사실의 49%만 알고 있으니 뭣도 모르고 살아갈 수밖에 없는 것 같다.

친구 이야기다. 명절 전에 홀로 계신 고향 어머니께 전화했단다. 차도 막히고 손자가 취직시험 준비에 정신없다고 하니 올해는 내려오지 말라고 하셨다. 더구나 어머니도 별일 없다고 하신단다.

그런데 다른 사람에게 들어보니 그 어머니는 올해는 먹을 사람이 없다고 떡국도 나물도 안 한단다. 또 별일 없는 것이 아니라 70을 넘은 사람은 일 년이 아니라 하루하루가 달라 언제 천국 부름을 받을지 알 수가 없다고 한다.

또 있다. 아무리 투표해서 최고 권력자가 된 트럼프 일지라도 투표 없이 3대째 세습하여 그 자리에 앉은 김정은을 겁줘서 핵무기를 뺏으려 하는 거나, 부모말만 듣고 명절날 고향 안 내려 가는 자식은 '뭣도 모르기'는 꼭 같다.

더구나 알만 한 사람들이 그 둘을 두고 갑론을박 하며 지지하거나 반대하는 것을 보면 먹은 것도 없는데 속이 불편하고 꿈자리까지 사납다.

요즈음 이곳저곳에 '뭣도 모르는 것들' 이 많이 설친다. 이제 나도 뭣을 조금 알 것 같아서 인지 자꾸 세상을 내려다보게 되니 진짜 뭣도 모르는 것들 중에 내가 수석을 차지 한 것 같다.

혹시! 벌써? 분수도 모르고 덩달아 뛰는 망둥어 철이 왔는지 걱정이다.

고집 센 놈과 똑똑한 녀석

고집 센 놈과 똑똑한 녀석이 진실 논쟁을 했다. 4x7을 고집 센 놈은 27, 똑똑한 녀석은 28이라 했단다. 세상만사가 그렇듯이 어디 진실이 쉽게 증명이 되던가!

싸우다 싸우다, 결국은 권위 있는 원님에게 판결을 요청했더니 황당하게 고집 센 놈은 풀어주고 똑똑한 녀석은 곤장을 10대나 맞았단다.

억울하다고 울며 돌아가는 똑똑한 녀석 뒤통수에 원님이 던진 한 마디에 눈물이 쏙 들어갔다.

"고집 센 것을 알면서도 싸운 놈이 미련한 놈이지."

또 있다.

개랑 싸워서 이기면 개보다 더한 놈이 되고,

개랑 싸워서 지면 개보다 못한 놈이 되며,

개랑 싸워서 비기면 개 같은 놈이 된다.

그러니 개하고는 싸워서는 안 된다는 말이다.

꼬락서니가 고약한 나 때문에 늘 싸운다는 아내나, 그것도 모르냐고 화부터 내는 우리 부부는 누가 곤장을 맞아야 할지 모르겠다.

진실이 무조건 최상의 답은 아니다. 진실보다 더 귀한 답은 포용이다. 죽고 사는 문제가 아니라면 진실을 잠시 묻어두고, 사랑과 관용으로 포용해주는 넉넉함이 가정을, 세상을 평안하게 해줄 수 있다.

싸움 끝에 눈물의 곤장을 아내가 늘 맞지만 고집 센 놈도 양심은 있다. 병 주고 약 주긴 하지만 하루도 못 넘기고 카톡으로 보이지 않는 무릎을 꿇고 두 손을 싹싹 빈다.

어쩌겠는가! 남은 세월이 아득한데 혼자 살 수는 없지 않는가?

이름을 말할 수는 없지만 그가 시린 눈빛으로 조언하는 말을 기억하고 있다.

"무릎 꿇고라도 함께 사는 것이, 해 질녘 불 꺼진 텅 빈 아파트에 혼자 들어가는 것보다 낫다."

한 때는 고집 센 놈이 득세하기도 하고, 또 세상이 바뀌니 똑똑한 녀석이 활개를 치고 다닌다. 그런 놈들이 너무 많아서인지 가정이나 세상이 늘 시끄럽다.

모두 곤장을 맞아야 마땅한 미련함을 어쩔 수 없기 때문이다.

'소확행' 즐기기

소소하지만 확실한 행복을 '소확행'이라 한다. 우리는 누구나 행복한 삶을 원하고 갈망한다. 그렇다고 행복이 어떤 것이며 어디에 있다고 쉽게 말하기는 어렵다.

한 때는 많이 소유하고 높은 자리에 앉고 권력이 있으면 행복할 것이라는 생각을 한 적이 있었다. 그러나 누구나 도달할 수 있는 경지도 아니고, 몇 안 되지만 그런 사람들의 때 늦은 고백 속에 행복은 많이 존재하지 않았다.

그렇다고 귀촌하여 농사를 짓거나, 괌의 원주민처럼 바다에서 하루하루 고기를 잡고 안 잡힐 땐 굶고 사는 삶을 행복이라고 말하고 싶지는 않다.

어떤 사람은 말한다.

도시에 살아도 자기가 하고 싶은 일을 하고 있어서, 손자 보는 것은 미친 년 이라지만 날마다 예쁜 손자를 보고 싶어서, 돈도 별로 안 되는 식당을 운영하면서도 맛있게 먹어주는 사람이 있어서, 쉴 틈이 없이 바쁘지만 자기가 가르치는 제자들이 자라는 모습 때문에 행복해 하기도 한다.

남자보다 더 많이 행복에 목매는 여자들이 좋아하는 남자는 어떤 남자일까? '잘 생기고 돈 잘 버는 사람이다.' 라고 말하기 쉽다. 맞는 말이지만 완전한 답은 아니다. 자기를 있는 그대로 예뻐해 주고 사랑하는 남자이다.

잘 생긴 연예인을 열혈 팬이란 이름으로 추종하던 사춘기의 꿈도 현실이 될 수는 없지만 그것도 '소확행' 의 하나임은 틀림없다. 그러나 그 꿈은 한시적이어야 행복해진다.

퇴임하고 나니 일상 삶의 싸이클이 큰 변화가 없다. 그래서 큰 기쁨이나 불행을 잘 느끼지 못하고 있다. 처음에는 시차적응이 안된 여행자처럼 멍하고 붕 떠있는 느낌으로 한동안을 살았다. 1년을 살고 나니 인정할 것은 인정하게 되고 내려놓을 것은 제법 내려놓았다. 그래서일까 이제는 아주 소소한 댓글에도 마음이 즐겁고, 어쩌다 걸려온 안부 전화에 기쁨이 하루를 간다.

생활 태도도 많이 수정했다. 전에는 목표를 향해 빨리 가려고 액셀을 많이 밟는 것을 중요하게 생각했는데, 이제는 욕심이나 과욕을 경계하는 브레이크를 자주 밟는다. 지난날을 되돌아보기도 하고 내가 뿌린 땀들의 성장과정을 멀리서 지켜보고 있다.

무슨 대박이나 복권 당첨이 크게 중요한 것 같지는 않다. 60평생을 살아오면서 고민하고 열심히 노력하며 또 배울 것도 배울 만큼 배웠다. 이제는 어떤 길이 옳은 길이고 내가 가야할 방향이 어느 쪽인지 조금씩 깨닫고 있다.

분수에 맞게 살며 소소한 것에 만족하고 확실한 하나님의 사랑 안에서 거하고자 한다. 그리고 늘 감사하는 마음으로 날마다 시작과 끝을 기도한다.

인생은 길고
아직 끝나지 않았다.

오늘도 내가 해야 할 일이 있다. 그것이 내가 아침 일찍 일어난 이유이다.

소소하지만 확실한 행복을 느끼게 하는 것이 있어서 좋다.

내 삶의 백신

경기가 단기 불황일 때는 매운 음식이 잘 팔리고, 장기 불황일 때는 단 음식이 잘 팔린단다.

그래서 2015년을 되돌아보니 의미있는 소비 Trend를 발견할 수 있었다. 줄이 좀 있다는 사람만이 먹는다는 달달한 '허니버터칩' 폭풍, 스스로 언제나 모델이 될 수 있는 누구나 '셀카봉', '보는 '먹방'에서 조금씩 흉내 내며 친근한 '쿡방', 화려한 포장과 너무나 야한 외모에 지쳐 진짜 실력을 추리하는 '복면 가왕', 돈 · 시간 · 책임이 부담 되어 결혼은 기피하지만 예쁘고 귀여운 것은 어쩔 수 없는 '돌아온 슈퍼맨' 의 육아프로그램 등이 떠오른다.

남자가 돈만 벌어오면 '할 일을 다 했다.' 는 시절이 있었다. 지금은 전쟁 같은 생존경쟁의 정글에서 살아 돌아와야 하고, 여우와 토끼가 기다리는 가정에서도 슈퍼맨이 되어야한다. '돌아온 슈퍼맨' 의 이휘재가 늦게 얻은 연약한 쌍둥이에게 예방접종 미션을 수행하면서 보여준 안타까워하는 모습은 당장의 아픔보다 더 깊은 사랑의 민낯을 증명하고 있다.

백신이라는 예방접종은 건강한 사람에게 질병의 원인이 되는 병원균을 주사하여 항체를 만들어 동일한 병의 면역력을 키우는 것이다. 최초의 백신인 천연두는 치사율이 너무 높고 치료가 되어도 평생 씻을 수 없는 흉터를 남긴 후유증 때문에 목숨을 내놓고 백신을 접종하는 모험을 감행할 수밖에 없었다. 하지만 세상이 달라진 오늘에는 조금은 절박감이 떨어진 것도 사실이다.

얼결에 다친 상처야 아픔을 그런대로 견딜 수 있으나 서서히 다가오는 무서운 주사바늘의 공포를 어른도 피해갈 수는 없다. 알고 보면 멀쩡한 내 몸에 병균을 주입하여 조금 약하기는 하지만 질병의 증세를 거쳐야 한다는 것은 썩 내키는 일은 아니다.

우리도 이제는 길어진 100세를 산다. 재방송도 없고 녹화도 없이 생방송으로 담판 승부를 하듯 세상을 살아야 한다. 100번을 잘 하다 한번을 크게 실패하면 되돌아가기 힘들다. 그래서 자식들을 유치원부터 대학까지 교육으로 준비를 시키고 그래도 불안한 부모들은 대학원, 해외유학으로 스스로 등골을 쏙 빼는 자충수를 두기도 한다.

살다보면 미래는 언제나 불안하다. 언제, 어떻게 닥쳐올지 모르는 내일을 위해 연금도 들고, 영리한 토끼처럼 두 개의 굴을 판다. 하지만 그것도 불안하여 가상의 질병인 고난을 위해 비슷한 상황에서 비싼 수강료를 지불하며 백신이란 체험을 하기도 한다.

세상은 참 공평하다. 삶의 질이 좀 차이가 날 수는 있지만 정해진 양만큼만 먹어야하고, 돈 좀 있다고 무한정 오래 살거나 한없이 부자로 살 수도 없다. 가끔 자기는 운이 없어 늘 불행하고 하는 일 마다 안 된다는 사람이 있는데, 그 사람에게도 기회는 여러 번 있었을 것이다. 단지 준비가 안 되었거나 노력이 부족했을 수도 있고 선택을 잘못했을 가능성도 있다.

누구나 살다보면 넘어지기도 하고 쓰디쓴 실패의 경험을 한다. 고통은 지금 당하고 있는 것이 가장 아프다. 지나고 나면 잊혀지고 조금은 추억으로 그리워질 때도 있다.

오늘 겪고 있는 이 고난이 미래에 닥쳐올 큰 재난을 예방하는 시련이며 백신이 된다는 생각을 한다면, "유독, 나만 재수없다."라고 투덜거리거나 인상구기며 목소리 높일 이유가 없을 것이다.

아직도 남은 시간은 많다. 2015 WBC 야구대회에서 김성근의 한국야구대표팀은 일본에게 9회초까지 3대0으로 지고 있었다. 그런데 관중들이 실망하고 돌아갈 채비를 하는 9회 말에 4대3으로 기적같은 역전승을 했다.

"끝날 때까지 끝난 것은 절대 아니다."
그래서 삶은 내가 맞지 않은 백신에서도 약효를 본다.

'멀베리' 줌마들

멀베리는 영어로 '뽕' 인데 영어 좀 하는 사람도 아는 사람이 별로 없다. 그런데 멀베리 줌마들은 누구이고 또 무슨 반란을 일으킨 것일까? 줌마들의 실체는 이렇다.

천상 선녀의 날개옷을 빼앗겨 세상의 아내가 되었지만 살림 짭짤이 하며 자식을 낳고 나서 왕비를 넘어 여왕을 눈앞에 둔 내 아내 친구들 이야기다.

남자들이 군대와 축구 이야기 하는 것처럼 아내들의 고교 동창 이야기는 40여 년 긴 잠을 자고 나도 여전히 계속되는 '알쓸신잡(알아봐야 특별히 쓸데없는 신비한 잡학의 수다)' 이다.

아내 카톡방에 '멀베리' 란 모임의 이름이 있다. 그들은 자칭 명품고인 목포 제일여고 동창 6명으로 구성된 친구들이다.

졸업한지가 가물가물하게 세월이 지났는데도 수시로 만나더니, 철 지난 '뽕' 이란 화투놀이에 감동하여 고상하게 모임의 이름으로 작명하셨단다.

이제는 한번 만나려면 이념이 다른 정당의 통합처럼 길고 긴 협상이 필요하다. 사는 곳도 멀고, 잘난 자식 뒷바라지, 말 많은 손자 돌보기 등으로 난제가 산적해 있기 때문이다.

모임날인 오늘은 약속장소인 담양이 폭설 주의보까지 내려 우여곡절 끝에 광주 호텔에서 거사를 치를 모양이다.

여자가 나이가 들면 모시기가 힘들단다. 그래서 시어머니나 여자 상사 등 이름만 들어도 알레르기를 일으키는 사람이 많다.

그런데 이 모임 총무님은 성격이 참 좋은 것 같다. 길고 긴 산통을 잘 참아내기도 하고 여차하면 궁궐 같은 자택으로 초대해 먹여 주고 재우기도 한다. 때로는 서방님이 낙상을 감수하며 가꾼 키위나 밤까지 아낌없이 나누어주니 이 동네에서는 영란법이 적용되지 않는 모양이다.

모임이 6명이면 어려운 점이 많다. 잘못하면 두 패로 나누어질 수도 있고 차로 이동할 때도 한 차로는 안 된다. 그런데 짠내를 풍기는 줌마 6명이 한차를 탄다고 해서 많이 걱정을 했다.

불어난 자기 몸 생각도 안하고 교통순경은 눈감고 있는 것처럼 생각한다. 혹시 사고라도 당하면 간병해야 할 나미편 처지는 안중에도 없는 모양이다.

어쨌든 그들의 반란은 시작 되었다. 어려운 거사를 성공해야 추억이 짙어진다. 날씨가 추우니 주경기인 멀베리가 더 진지해질 것 같다. 그래도 걱정은 있다. 오락가락 하는 기억력 때문에 규칙을 말로만 해서는 안 되니 큰 달력 뒷장에다 써서 걸어 두기를 조언했다.

부디 성공한 반란으로 역사에 회자되며, 명품고 동창회지에라도 수록되고 무사히 컴백하기를 간절히 기도한다.

외로움

사람은 외롭다.

한 날 엄마 뱃속에서 태어난 쌍둥이도 서로에게 말할 수 없는 외로움을 가지고 세상을 살아간다고 하니, 비록 사랑해서 결혼했다고 하지만 부부라도 어쩔 수 없는 외로움은 있다.

나는 너무 일찍 자고 너무 일찍 일어난다. 한 때는 아침형 인간이라고 각광을 받은 적도 있었지만 누구도 그 사람처럼 살아보지 않으면 그 고충과 마음을 모른다. 베란다 창 너머 적막하고 어두운 세상을 혼자 바라볼 때, 같이 살아도 함께 할 수 없는 외로움을 느끼며 두터운 잠바를 걸치고도 재채기를 자주한다.

그 시간에 나는 글을 쓴다.

글을 쓰는 사람은 말하는 사람보다 더 외로운 사람이다. 듣는 사람의 반응이 늦은 탓에 주관적이고 일방적인 독백을 하기도 한다. 나의 글은 독백이라기보다 하소연에 가깝다. 아직 열리지 않는 세상을 향해 내 속

살을 드러내어, 공감으로 위로 받고자 하는 때늦은 어리광이기도 하다. 어리광은 아무에게나 하는 것이 아니다. 믿을 수 있고 마음이 편한 사람에게 한다.

그런데 나보다 더 외로운 사람도 있는 것 같다. 친구 강모, 양모는 말이 많이 고픈지 틈만 있으면 연기 내는 번개팅으로 모이고, 조금만 날씨가 꿀꿀해도 질리지도 않는 표정으로 잔을 쉬지 않고 부딪히고 지낸다.

또 있다. 심모 친구는 일삼아 색소폰을 분다. 퇴임하고 나서도 할 일이 많아 바쁘다고 하는데 상담심리 자격증을 소지한 내가 진단하건데 틀림없이 외로움을 타고 있다.

그래서 나는 외롭지만 술, 담배, 연주를 안 하고, 글을 쓰고 그래도 견디기 어려우면 어리버리한 친구 몇 녀석 불러 모아 염통에 불질러가며 GS를 한다.

지난주에는 날씨가 춥지만 기분전환 하자고 8명이 2박3일 나주 부영 CC에 다녀왔다. 이 모임에도 외로운 사람이 있었다. '라스' 라는 게임도 안하고 주구장창 알아주지도 않는 스코어에 매달리는 것을 보면 짠한 생각이 들었다. 다행히(?) 추워서 땅이 좀 얼고, 바람이 많이 불었다. 눈물 콧물은 흘렸지만 나에게는 최상의 조건이었다. 골프 조건이 나쁘면 잘 치는 사람이나 못하시는 분이 큰 차이가 없다. 같이 실수하면 바람 탓이긴 하지만 나보다 잘 치는 그가 더 외로워한다.

힘들고 외로운 세상도 마찬가지다. 내가 가는 길이 좁고, 내 뜻대로 되지 않을지라도 '우리의 날들을 다시 새롭게 하소서.' 하고 감사하며 기도하고 있다.

달력을 보라. 한 달이 크면 다음 달은 작다.
그래서 우리는 힘들어도 외로워도 웃을 수 있는 것이다.

못 말리는 식성

식성이란 어떤 음식을 좋아하거나 싫어하는 성미를 말한다.

사람의 얼굴 모습이 다르듯이 식성도 제각각이다. 사람마다, 가문마다, 지역마다, 나라마다 특색이 있어 지구상에 셀 수 없이 많은 요리가 있고 음식점이 있어서 날마다 다른 것을 먹더라도 한평생을 먹을 수 있다.

말씨나 식성을 보면 그 사람의 고향을 짐작할 수 있다. 그만큼 오래 길들여져 꿈속에서도 바꾸기 어려운 본성으로 자리 잡고 있다.

나에게도 참 특별한 식성이 있다.

고등어는 누구나 좋아하지만 나는 고등어 대가리(머리가 아니라 이렇게 표현해야 맛이 남)를 묵은 김치 넣고 오래 푹 끓인 조림을 최고의 요리로 사랑한다.

이 요리는 주로 내가 한다. 정성들인 요리가 완성되면 가시나 뼈가 흐물흐물해져 버릴 것이 하나도 없고 말로 표현하기 어려운 고소함과 깊은 맛이 일품이다.

결혼 초에는 아내에게 말을 꺼내보지도 못했는데 퇴임하고 나니 내가 한 요리를 함께 맛있게 먹기도 하고 가끔 비슷하게 해주기도 한다.

백화점 쇼핑을 주로 하는 아내가 이 재료를 구입하기에는 어려움이 많다. 너무 친절한 아저씨들이 탕탕 토막 내고 대가리를 버려 버린다. 몇 번은 없는 강아지 준다고 달라고 했지만 하늘같은 남편을 비하 하는 것 같아 그 짓도 힘들어한다. 이제는 통채로 사와서 징그럽다고 투덜거리지만 집에서 손질을 한다.

특별히 좋아하는 음식을 먹으면 어머니 냄새가 난다. 때론 그때 그 시절의 애달픈 추억이 살아오고 싸하게 저려오는 아픔 속에 그리움이 사무쳐 온다.

회갑을 지나 손자를 둔 나이가 되어도 어머니는 고등어 대가리 조림 속에 살아있다. 자식들이 질색을 하고 잔소리를 해도 우리 둘이는 눈빛 하나로 거사 일을 정해 하늘에 계신 어머니를 만나고 맛의 추억을 되살린다.

포항의 과메기나 호남의 홍어, 강원도 올챙이국수는 다른 사람들이 좀 이해할 수 없는 맛을 넘은 그 무엇이 그 속에 있다.

오늘도 4시 반에 일어나 고등어 대가리 조림을 올려놓고 이 글을 쓰고 있으니 구수한 냄새가 온 집안에 진동한다.

이럴 땐 늦잠 자는 가족들이 참 마음에 안 든다. 긍정적으로 생각하고 관점을 바꿔 타협을 하자. 집안이 편안하고 오래 살기 위해서라도 오늘 아침밥은 혼자 몰래 먹어야겠다.

시계를 보니 아직 여섯시 반이다. 구수한 냄새에 못 말리는 식성이 요동을 친다. 군침이 돈다.

손가락이 아프다

단백질, 비타민, 무기질이 풍부한 땅콩은 동맥경화, 피부미용, 당뇨병에 효과가 있다. 그런데 이 땅콩이 문제가 되었다. 얻어먹는 자가 말이 많으면 더 이상 내일은 없는데도 애써 긁어 부스럼을 만든 이유는 손가락이 아프기 때문이다.

사연인즉 농장을 한다는 친구 심모를 만나면 인사와 함께 뭔가를 달라고 하는 것이 버릇이 되었다. 이번에는 생뚱맞게 김치 한포기를 재촉했다. 다행히 직접 재배해서 친환경으로 김치를 담갔단다.

어쩌다 모임이 있었고 법 없이 산다는 그 친구 어김없이 무얼 들고 왔다. 줄줄이 꺼내는 봉지가 네 개나 되었다. 그런데 실망이다. 모두 내 것이 아니고 바라던 김치도 아닌 땅콩이었다. 올 한해 땅콩을 많이 심어 힘들었단다. 꽃이 떨어져 땅속에서 열매를 맺는 낙화생이라 불리는 땅콩은 모래땅에서 물을 많이 필요로 한다.

가뭄 때문에 물 주느라 얼굴이 새카맣게 탔고, 수확해서 곰팡이 생기지 않게 말리느라 쉴 틈이 없었단다. 가져온 땅콩은 그냥 먹을 수 있는 것이 아니었다. 까서 볶아야 한다. 쉽게 시작한 땅콩 까기가 쉽게 끝나지 않았다. 거실을 어지럽히는 것은 물론이고 엄지와 검지로 누르다보니 손가락에 물집이 잡히고 얼얼하여 다 마무리도 못하고 검지 손가락에 밴드를 붙여야 했다.

여기서 끝났으면 좋으련만, 심모 친구 자연산 김치 맛을 보여주겠다고 과하게 자랑을 했었는데 엉뚱하게 손가락만 다쳐있으니 아내에게 또 사고뭉치라고 눈총을 받았다.

심모 녀석은 텃밭 농장이 취미란다. 비싼 땅에 씨앗, 거름, 땀, 시간까지 들이고 나면 고생은 차치하고라도 사 먹는 것보다 몇 배의 돈이 든단다. 그래도 좋아서 하는 취미에 그 정도 돈이 들어가는 것이 당연하고 아깝지도 않다고 하니 땅 없는 내가 주눅이 든다.

나도 취미 생활을 한다. 수영, 골프, 바둑.

그것들은 순전히 나만을 위한 것인데, 심모 녀석은 자기도 즐기고 다른 사람에게 정도 나누어 준다. 존경스럽다. 조금 어리버리 하지만.

그래도 내 손가락은 여전히 아프다.

체중이 늘고 있다

한동안 81kg을 유지하던 체중이 며칠 새에 기록을 갱신하고 있다. 그것도 수영이 끝나고 홀라당 벗고 잰 수치이니 추워진 날씨 때문에 입은 내복의 무게라고 변명할 수도 없다. 누구는 어마어마한 몸무게라 할지 모르지만 원체 통뼈로 골격이 크기 때문이라는 이유에 넓은 배려심을 발휘해 주었으면 좋겠다.

여자들에게 몸무게를 물어보면 실례가 된단다. 그들은 인생의 반을 먹는데 소비하고, 나머지 반을 빼는데 소비한다. 밥은 적게 먹지만 아깝게 버려야할 음식이나, 이름난 것, 분위기가 있고 몸에 좋은 것은 늘 쉬지 않고 입에 달고 산다. 참 모를 것도 있다. 빼기 위해서 먹는다는 소리는 또 무슨 말인지 모르겠다.

어쨌든 내 몸무게가 늘어난다는 것이 문제다. 그렇다고 멀쩡한 옷이 갑자기 작아지거나 숨쉬기가 답답한 것은 아니다. 어제 친구 엄 모씨가 '얼굴이 더 좋아졌다.' 고 해서 속으로 찔금했다.

이유야 많다. 효도하겠다고 딸이 사온 간식을 너무 많이 먹은 것, 아내가 몸에 좋다고 강권한 과일과 보양식품, 모임만 하면 무슨 보릿고개 시절도 아닌데 백세장어나 도가니탕 등은 오늘의 내 고민을 있게 한 주범이다.

나이 들어 너무 말라 있는 것도 보기가 좀 그렇다. 뚱뚱한 며느리는 빼빼한 남편 때문에 많이 불편하단다. 시어머니 생각엔 남편을 굶기고 며느리만 먹었다고 오해하기 십상이다. 사실 좋은 것, 맛있는 것은 남편이 거의 다 먹었는데도 말이다.

그래도 그렇지 목숨 걸고 다이어트 하는 사람을 보면 무엇 때문에 그렇게 사는지 걱정이 된다. 사는 재미가 무엇인가? 먹는 즐거움도 그 중의 하나이다. 함께 음식을 먹는다는 것은 단순한 배부름만을 위한 것이 아니다. 그 속에 이야기가 있고 마음이 열리며 사랑이 쌓여가는 것이다.

그래도 과한 체중은 줄여야 한다. 체중이 늘면 무릎에 부담이 된다. 그래서 움직이기가 싫고 엎친 데 덮친 격으로 체중은 더 늘게 된다.

얼마 전에 온천에 갔었는데 너무 나온 배 때문에 자기 물건을 보지 못하는 사람을 보았다. 제법 돈도 있고 사회적 지위도 높아 보였다. 그러면 뭐하겠는가?

돈이나 지위가 해 줄 수 없는 게 건강이니 말이다.

마음이 가벼워야 몸이 가벼워진다. 다 내려놓고 자유스러워졌다고 생각했는데 하찰 것 없는 바둑이나 허망한 골프 스코어를 너무 의식했나 보다. 이제 잘 먹어서 오래 살겠다는 생각도 접어야겠다. 무엇을 남기고 무엇을 이룬들 지금 있는 내 이름이 얼마나 커지겠는가!

춥지만 산책이나 가야겠다. 찬바람에 정신이 깨어나면 마음이 가벼워지고 몸도 가벼워질 것 같다.

홀로서기 탐방

매주 수요일이면 감당하기 버거운 열정을 가진 우리 왕비님이 강남으로 영어 공부하러 간다. 이런 날은 프리를 만끽하며 세상 속 탐방의 길을 찾아 나선다.

누군가 '세상이 지루하고 삶에 김이 빠지면 재래시장에 가 보아라. 내가 지금 얼마나 꿈속에 있는지를 확인할 수 있다.' 고 했다.

인천에 사는 사람은 대부분 부평 깡 시장을 잘 안다. 깡 시장이란 이윤을 적게 남기고 물건을 판다는 뜻이란다.

1950년에 부평의 인구가 급증하며 형성된 골목형 시장으로 채소, 건어물, 과일 등을 도소매하며 특히 먹거리가 풍성하여 없는 것이 없다. 내가 1991년에 인천으로 전입하여 서울로 이사 가기까지 14여 년 동안 그곳을 애용한 추억이 서린 곳이다.

김장때는 지금 생각하면 깜짝 놀랄 양인 배추 30포기를 사기도 했고, 아내에게 미안할 때면 가물치를 사다가 엑기스를 만들어 바치기도 했었다.

시장에 들어서는 입구는 특별히 없다. 골목이 뚫린 곳이면 어디로든지 들어가면 된다. 양 옆, 또는 가운데에 놓여 진 점포나 좌판이 끝없이 이어져 정신없이 한 눈 팔다가는 어디서 어디로 가는지 헤매기 십상이다.

그곳에 있는 사람이나 이용하는 사람들은 다양하다.

조금은 세월에 빛바래고 삶의 무게가 어깨 위에 내려앉은 우리의 부모나 할머니가 대부분이다. 요즈음은 베트남, 필리핀, 몽고 등의 다문화 사람들 모습이 눈에 많이 보였다.

외제차와 접촉 사고 나면 잘 잘못을 떠나 보험금도 감당하지 못한 수리비를 수천 만원 내야 한다는 이야기나, 누가 누구에게 대가성도 없는 돈을 그냥 주었다는 이야기는 여기 있는 사람들에게 꿈같은 소리를 넘어 삶의 의욕을 잃게 한다.

대부분 1천원, 2천원, 3천원의 물건이 검정 비닐봉투에 담겨져 팔리고 있다. 나도 잊었던 세상 속으로 들어갔다. 볶은 땅콩 5천원, 번데기 3천원, 튀김 3천원, 엿기름가루 3천원을 지불하고 나니 돈은 치킨 1마리 값도 안 되는데 봉지 네게가 손에 묵직하다.

철모르는 아이들을 가르치고 막무가내인 학부모를 설득하느라 힘들다는 말을 늘 하고 살았다. 그런데 이렇게 치열한 삶의 현장에 와 보니 그동안 나의 삶이 '참 감사하다.'는 말이 절로 나온다.

하찮게 생각하던 돈 천원이 이렇게 가치 있고, 주어진 조건에서 최선을 다해 살아가는 모습에 잊었던 배고픔이 떠올라 숙연해졌다.

우리는 너무 위에만 쳐다보고 사는 것은 아닐까? 위를 보면 부족함만 느끼고 아래를 보면 감사함이 솟아난다.

마흔 넘어 가면서 약속했던 다짐을 아직도 재대로 실천하지 못하고 있다. 이제는 좀 나누어주고 살아야겠다. 자식도 다 키우고 평생 먹고 살 수 있는 연금도 있는데 뭐가 불안해서 움켜쥐고만 있는지 모르겠다.

부평 깡 시장에는 아직도 그들이 살고 있었다. 여기서 시작된 나의 제2 인생 홀로서기 탐방은 아직도 진행중이다.

골프 맛보기

골프 샷을 했을 때 볼이 오른쪽으로 가면 '슬라이스' 라고 하며, 왼쪽으로 가면 '훅' 이라고 한다. 그런데 모두가 바라는 대로 똑바로 날아가면 그것을 '기적' 이라고 한다는 것을 며칠 전에 알았다. 나는 '기적' 보다 '슬라이스' 가 많다. 다행히 앞으로 잘 칠 소질이 있는 골퍼의 볼이 슬라이스가 많다고 하니 역시 나는 느리지만 골프에 소질이 있나보다.

골프는 인생과 흡사하다. 치고 나면 아쉽고 잘못한 것을 깨닫게 된다. 하지만 딱 한 번만 치고 다른 클럽으로 바꿔 잡아야 하고 되돌릴 수도 없기 때문에 늘 아쉬운 인생처럼 골프를 친다.

이곳에서 회자되는 유머가 있다. 70넘어 비거리 더 내겠다고 드라이버 레슨 받는 사람은 미친놈이다. 또 있다. 스코어 잘 안 나고, 뒤땅이나 탑볼을 자주 치는 사람은 틀림없이 '오늘 컨디션이 안 좋다.' 하거나, 어제 과로했다거나 술을 많이 마셨다는 등 씨도 안 먹히는 변명을 한다.

미친 골프에 대한 사례도 많다. 이모 전 국무총리는 늦게 배운 골프가 너무 재미있고 잘 쳐서 태풍경보 내린 날 라운딩 했다가 자진 하차했다. 또 어느 목사님은 주일날 몰래 골프를 쳤단다. 천사가 보고 한심해서 하나님께 혼을 내달라고 말씀드렸더니, 프로 박세리도 평생 한 번도 못했다는 홀인원을 하게했다. 천사도 하나님의 뜻을 헤아리지 못했으나 그 결과는 견디기 힘들다.

아는 사람은 다 안다. 버디만 해도 모자에 나비 붙이고 자랑하고 다니는데 홀인원 한 목사님의 그 기쁨을! 그런데 어쩌랴 홀인원은 했으되 주일날 했으니….

한 달을 끙끙 말도 못하고 괴로워하다 결국 크게 회개하고 미친 골프에서 손을 떼고 지금은 믿음이 좋고 존경받는 목회자가 되었다고 한다.

또 골프는 사랑과 같다. 진지하게 하지 않으면 재미가 없고 너무 진지하면 상처를 입는단다. 나는 진지하게 하려고 '라스' 라는 게임을 좋아한다. 잘하지도 못하면서 많이 설치니 가끔 캐디가 동료골퍼의 좋은 스코어를 나에게 기록할 때도 있고, 오늘 컨디션이 매우 안 좋다는 내 변명을 사실처럼 믿어준다.

친구 심모 녀석은 상처 입는 것이 싫어서 덜 재미있는 것을 택하는 것 같다. 세상 지금까지 살아왔는데 마음이든 명예이든 조금 스크래치가 생긴다고 특별히 남은 삶 사는데 지장이 없는데도 말이다.

아무리 골프가 대중화 되었다 해도 한번 나갔다오면 경비가 만만치 않다. 더구나 부부가 함께 나가면 조금 부담이 된다.

아내와 같이 나가면 돈보다 신경을 더 쓰는 것이 있다. 나보다 아내가 잘 맞아야 비싼 돈이 아깝지 않다. 볼이 앞으로만 나가면 '굿 샷' 을 외치고, 뻔히 해저드에 빠져도 '가봐야 안다.' 고 설레발을 친다. 그런 날은 내 스코어를 말하지 않는다.

쇼윈도 부부

'보기 좋은 떡이 맛이 더 좋다.' 는 말이 있긴 하지만 요즈음 보기 좋게 신경을 너무 쓰다 보니 포장의 비중이 높아져 속빈강정이 되기도 한다. 어디 물건뿐이겠는가! 사람도 본래의 모습보다 꾸민 모습이 더 보기 좋고 아름답다. 화장한 얼굴이 평상시 모습이고 어쩌다 민낯이라도 보게 되면 낯설고 이상하다.

부부도 진화한다. 연애할 때는 사랑해서, 결혼할 때는 행복하기 위해, 자식 키울 때는 사랑하니까, 나이 들어선 정 때문에, 이제는 나와 너를 잘 구별할 수 없어서 있는 듯 없는 듯 산다.

가끔 TV에서 여러 형태의 쇼윈도 부부 프로그램을 본다. 시청자의 입맛을 즐겁게 맞추려고 재미있는 이벤트와 알콩달콩한 사연을 실제처럼 잘도 보여주고 있다.

그런데 말이다. 하루의 일정 부분만 함께 하는 연애 사이라면 몰라도, 눈 떠서 눈 감을 때까지 피할 수 없이 다 보고 다 말하는 우리네 부부들은 부딪히고 틀어지고 실망할 수밖에 없다.

연애는 낭만이고 결혼은 현실이다. 자식이 남긴 밥이 아까워서 먹다가 불어난 뱃살, 남편이 입다만 와이셔츠를 무심코 걸치고 분리수거를 하고 들어오다 거울에 비친 내 모습이 현실이다.

아무것도 아닌 이야기에 성의 없이 대응하다 시작된 말싸움이, 묵은 서운함까지 들치고 나면 냉전은 오래간다.

젊은 날 활화산은 위험하지만 터져도 서로 사과하고 적극적으로 화해 한다. 그러나 자식도 다 자라고 끼니 걱정도 없어지면 감정이 무디어지고 특별히 꼭 해야 할 말도 적어지게 된다.

그래서일까 중년부부들은 산책할 때 1미터 쯤 떨어져 다니고, 식당에서 밥 먹을 때도 옆자리 보다 앞에 앉아 말없이 밥만 먹는단다.

우리 부부도 쇼윈도 부부 못지않게 연기를 잘한다. 싸우고 3일간이나 말도 않고 지낼 때도 딸 사위가 올 때나 부부 모임에 참석하면 잠깐 휴전하고 평상시처럼 행동한다.

모르겠다. 상황이 변해도 민낯으로 살아가는 것이 좋은지, 쇼윈도 부부처럼 연기를 해서라도 적당히 살아가는 게 맞는지. 그래도 오늘까지 살면서 깨달은 것은 있다. 아내의 지도 조언은 힘들지만 들은 척하자.

내 마음에 들지 않는 말에는 불평하거나 토 달지 말고 그냥 말 안하는 것이 좋다.

그래도 나는 감사한다. 공원 벤치에 혼자 앉아 있거나 관악산을 홀로 가지 않게 배려해 주신 분이 있어서.

잠깐 자존심 세우다 오래 후회하는 남자들을 많이 보았다.

나도 그들 못지않은 남자지만 후회할 일은 오래 끌지 않으니 내가 더 현명하다.

인생은 돈다

'열길 물 속은 알 수 있어도, 한 자도 안 되는 사람의 마음은 알기 어렵다.' 고 한다. 그래서 아직 거짓말 탐지기는 발명했어도 사람 속마음을 볼 수 있는 특수 안경을 만들지 못한 과학의 무능을 아쉬워하는 사람이 있다.

1박 2일 고향 친구 부부 동반으로 아크로CC에 다녀왔다.

원래는 한동네 사는 또래 24명 중 1차 12명, 2차 8명으로 만들어졌는데 이름도 투박한 동백회란다.

농촌 마을치고는 좀 큰 편이었으며, 동네 어디서나 볼 수 있는 동백꽃이 모임의 이름이 되었다. 그런데 동백회란 이름을 지금 들으니 고향냄새가 물씬 나지만 좀 촌스럽다. 겨우 스무 살 무렵에 시작하였으니 벌써 40년이 훨씬 넘었다.

오랜 세월을 살아온 동안 친구들도 많이 변했다.

직업도 여덟 명이 모두 달랐다. 교육자, 군인, 세무공무원, 경찰, 건축

업자, 농부, 금호교통, 설비업 등이다.

한 길을 쭉 간 사람도 있고 잠깐 외도를 했다 다시 돌아간 사람도 있다. 인생은 돌고 돈다. 금수저 부모를 만나 모두가 부러워했던 금호교통 친구는 순천 터미널 소장을 거쳐, 개인 사업을 하였는데 보증을 잘못서서 그 많던 유산도 얼마 남지 않아 근신하고 산다.

중학교도 못나온 건축업자 친구는 시작은 미약하였으나, 지금은 정년도 없이 수십 채 빌라를 두 군데서 건축 중에 있다. 그래서 이번에도 흑산도 홍어, 수육, 산 낙지, 족발 등을 너무 많이 가져와 저녁 늦게까지 힘들게 하더니, 다음날 점심을 장흥 토요시장으로 끌고 가 이름난 한우로 입을 즐겁게 했다. 다음 모임 때도 홍어와 산 낙지는 자기가 책임지겠단다.

공무원인 3명 중 가장 잘 나갔던 군인 친구는 경복고에 육사 출신이었다. 마지막에 지역의 벽을 넘지 못해 별을 달지 못했지만 딸을 판사로 키워 노후가 든든하다.

세무공무원은 농고 출신이었으나 워낙 성실하여 나주세무서장을 지내고 지금은 세무 법인을 운영하고 있다. 어릴 적 꿈도 이루어 2천여 평 과수원에 복숭아를 심어 잊지 않고 보내준다.

안타깝게도 3명의 친구는 먼저 하늘나라에 갔다. 경찰관은 교통부서에서 잘 나갔는데 술을 너무 좋아한 탓에 쓰러져 6년을 식물인간으로 지냈다. 농부 친구는 노래도 잘하고 성격이 참 좋아 젊은 이장으로 고향을 지켰는데 갑자기 화물차 운수업으로 뛰어들더니 큰 교통사고를 당해 불행한 길을 갔다.

설비업자 친구는 직원을 10여 명 두고 실속 있게 사나보다 했는데 사업 때문에 스트레스가 너무 커서 수면제를 자주 먹더니 어느 날 아침에 일어나지 못했다.

6년간 식물인간인 남편을 간병했던 친구 아내는 '못 일어날 바엔 차라리 가는 게 나을 것 같다.' 라는 친구들의 안타까운 말에 '누워 있어도 죽은 것 보다는 힘이 된다.' 고 했다.

남편이 죽고나서 잘 해주었던 것 보다 시끄럽게 코 골거나 거칠게 발 올리고 밉살스럽게 이불 당겨 자기만 덥던 것들이 없어지니 너무 허전하고 외롭더라고 한다.

돌아올 때는 금요일 저녁이라 길은 막히고 주인 닮은 네비게이션이 멀쩡한 고속도로에서 자꾸 빠지라고 해서 나갔다가 헤매었다. 가장의 체면 구기고 견디기 힘든 지도조언을 들어가며 한참 돌고돌아서 집에 오니 6 시간이 더 걸렸다.

직장은 한길로만 왔는데 왜 운전대만 잡으면 헤매는지 모르겠다. 나중에 아내는 이런 나를 그리워할까?

인생은 아직 끝나지 않았다. 더구나 시작은 알아도 끝은 아직 알 수 없다. 돌고 도는 인생 아직 실망하기는 이르다. 힘을 내야겠다. 남은 고향 친구들이라도 오래 볼 수 있었으면 좋겠다.

초대장

우리는 살면서 누구나 3가지 안내장을 받는다.

지금은 상부상조를 넘어 다소 형식적이고 의례적인 관례가 되어버리긴 했지만, 함께 살아가는 처지에 피할 수 없는 부담스런 축하와 부조의 부름이다.

생각은 있어도 마음이 따르지 않는 경우도 있고, 마음은 있으나 형편이 허락하지 않을 때도 있다. 때론 마음은 없으나 행동은 해야할 때도 있는 것 같다. 돌잔치나 회갑잔치는 옛날과는 의미가 많이 바뀌었다. 하나만 낳아서 잘 기르자는 시절에는 돌잔치에 초대는 고사하고 임신 사실도 조금 쑥쓰러워 했다.

그러나 요즈음에는 나라에서도 적극 권장하고 보상하는 추세이며, 가족서열 1위이니 공주나 왕자를 불문하고 다소 무리를 해서라도 꼭 초대에 응해야 한다.

그에 비해 회갑은 잔치를 하는 사람도 거의 없고 당사자도 크게 원하지 않는다. 하지만 센스 있는 효자는 해외여행과 두둑한 용돈으로 대신한다.

또 하나는 결혼식 참석이다. 사람이 성장하면 당연히 결혼을 하고 가정을 이룬다는 생각은 옛날이야기가 되어 버린 것 같다.

경제적 자립도 힘들고 자녀 육아와 교육이 어설픈 사랑으로는 감당하기 어려운 멍에라는 게 중론이다. 그래서 3번 기도하고 결혼을 결심한 행사에는 꼭 참석하여 진심어린 축하와 용기를 격려해주고 싶다.

정말 꼭 가봐야 할 곳이 있다. 장례식장이다. 결혼식은 초대해야 가고, 장례식장엔 연락하지 않아도 찾아간다고 한다.

정말 그 사람을 알려면 장례식장에 가보면 안다. 태어난 것은 사람 뜻대로 할 수 없지만, 그동안 살아온 삶의 자취는 누구도 대신할 수 없는 그 사람만의 흔적이 남아 있는 곳이기 때문이다. 때론 그 흔적의 결과가 자손의 유산이 되기도 한다. 그보다 더 중요한 것은 장례를 마친 사람들의 마음속에 남아있는 고인에 대한 추억이다. 오래 깊이 간직하고픈 마음이 크다면 그가 살아온 삶은 성공한 것이다.

어제는 잘 아는 분의 장례식장에 다녀왔다. 돌아가신 분은 말이 없지만 남은 할머니의 한탄이 길었다. 효도관광에서 강력 추천하는 회춘의 명약을 큰 맘 먹고 사다가 영감님께 복용시켜 약효를 톡톡히 보았는데 호사다마일까? 멀쩡하시던 분이 갑자기 쓰러져 세상을 떠나셨단다.

그런데 무슨 말인지 잘 모르겠지만 할머니는 말씀하셨다.

'죽은 놈 살려 놓았더니, 산 놈이 죽었다.' 고….

장례식장을 나오는 내 표정이 어떠했는지 궁금하다.

정말 슬퍼했는지….

낙장불입

세상은 '낙장불입' 이다.

살만큼 살아본 사람들은 누구나 이 칼 같은 명언을 싫지만 인정하고 산다.

'낙장불입' 이란 트럼프나 화투놀이에서 한번 패를 바닥에 던지면 절대 다시 주워 담을 수 없다는 규칙을 말한다. 바둑이나 장기에도 같은 뜻의 '일수불퇴' 가 있는 것을 보면 한번 뿐인 세상의 치열함과 많이 닮은 듯하다.

인생!

연습도 없고 녹화방송도 안 되고 낙장불입인 생방송이다. 그래서 모두 진지하고 고민하고 산다. 최고만을 고집했던 많은 사람들이 마지막에 평범한 삶을 부러워하고 후회하는 것은 두 번 살 수 없는 낙장불입 인생이었기 때문이다.

나는 가끔 인생의 필름을 거꾸로 돌려본다. 그때 그 시기 결정적인 전환점에서 선택한 길과는 다른 길을 다시 가보고 싶기 때문이다. 대학, 직업, 결혼 등 끝을 모르는 길은 힘들지만 한 번 가본 길은 마음이 한결 편하다. 이 모양 저 모양의 새로운 길을 가면서도 조금은 가슴이 찔린다. 더욱이 결혼에 관해서는.

어떤 길이든 장벽이 있었다. 또 낙장불입의 선택에 하나의 길을 강요하고 있었다. 모험을 두려워하는 여자들은 메디슨카운티 다리를 꿈꾸면서도 현실은 드라마 주인공을 통해 대리만족을 하며 아쉬움을 달래며 산다. 내 마지막 결론도 현재의 삶보다 조금 못한 해피엔딩으로 끝을 맺을 수밖에 없었다.

그래야 살 수 있으니까!

그래서 '다음 세상에서 결혼을 한다면 지금의 배우자와 다시 하겠느냐?' 라는 설문에 많은 수의 남자는 '그렇다' 여자들은 '아니다' 라고 말한다. 정답은 없지만 이유는 새겨들을 만하다.

남자들이 선택한 이유는 지금까지 살아온 아내의 본질도 잘 알 수 없어 뜻 맞추기 힘들었는데, 또 다른 여자를 택하기가 두렵다는 것이다. 반면 여자들이 거부한 이유는 분수를 망각한 눈먼 로망과 이 남자의 허세와 남발된 공약에 속아 평생 허송한 세월이 억울하다는 것이다. 그래서 새로운 선택을 하겠다는 부류와 그냥 마음대로 혼자 살겠다는 부류가 지금 함께 살고 있다.

그래도 모르겠다.

나는 공감하지만 진짜 속마음을 숨기고 사는 여자들의 속마음을. 또 다른 낙장불입의 세상을 살더라도 아쉬움과 후회는 있다. 그것이 낙장불입의 묘미이고 한계라는 생각을 해본다.

비가 오는 날이면

어제 날씨가 너무 덥더니, 아침에 시원한 빗줄기가 창문을 때리는 소리에 환상적인 아침을 맞이했다.

내가 태어난 곳은 땅끝이라 불리는 해남이다. 국민학교만 그곳에서 졸업했으니 고향 친구라 해보았자, 함께 구슬치기하고 발가벗고 냇가에서 물놀이 하던 몇 사람뿐이다.

시골집 내 방에선 문만 열면 들판이 널리 펼쳐져 있다. 그래서 나는 문을 열어놓고 턱 괴고 하염없이 아스라이 늘어져 있는 지평선을 넋 놓고 바라볼 때가 많았다. 비라도 오는 날이면 눈을 뜨고 있어도 아무것도 보이지 않고 듣지 못하는 나만의 세계에 몰입하고 만다.

끝이 보일 것 같지만 또다시 이어지고, 잊었던 얼굴이 살아서 돌아오면 못 다한 말은 이야기가 되고 아쉬웠던 사연은 소설이 된다.

인생에는 도처에 함정이 가득하고 삶에는 아쉬움이 가득하다. 내가 맘 놓고 쉴 수 있는 곳은 엄마 품과 고향밖에 없다. 그곳은 내가 태어난 곳이고 아무 때나 나를 품어 줄 수 있는 곳이다. 지금 나에게는 그런 곳이 없다. 내가 나이 든 것만큼 부모도 늙어 내 곁을 떠났고, 고향도 기억에 남는 추억뿐 이미 그곳에서 사라져 버렸다.

우리가 사는 시대에서는 꿈이 많을수록 힘들다.

순진한 사람은 타락하거나 크게 꺾인다. 성장의 대가는 단순히 추억을 빼앗기는 것만이 아니라 자기의 소중한 무언가를 내던져야 한다. 피 흘리고, 꺾이고, 믿었던 가치관이 뒤집히기도 하고 죽어라 쌓은 스펙을 쉬지 않고 리모델링해야 한다.

돌아갈 곳이 있는 사람은 행복하다. 그래서 내 집과 가족에 집착하는지도 모른다. 이제는 내가 쉴 수 있는 곳이라기보다, 지쳐 돌아오는 자식을 품어주고 쉬게 해 주어야 한다. 비오는 휴일 아침은 젊은 사람에게는 꿀 같은 휴식이다. 먼 길을 달려와 무거운 짐을 내려놓은 나 같은 사람은 초저녁부터 쉴 수가 있다.

소리죽여 켜 놓은 TV는 조용한데 습관적으로 돌리는 선풍기 소리가 꽤 요란하다. 오래 사용했으니 버리고 새것을 사야하는데 마음에 연결된 끈이 끈적끈적해서 쉽게 결정하지 못하고 있다.

이렇게 비가 오는 아침엔 묻어두었던 말들이 되살아나고 이루지 못한 사연들이 꽃을 핀다.

그래도 나는 여기까지 왔고, 또 조용히 여기에 있다.

폭염과 장마 걱정

요즈음은 특별한 걱정이 없어 무언가 허전하고 빠진 것 같아 걱정이다. 걱정을 해서 걱정이 없어지면 걱정이 없겠지만 지루한 장마처럼 끈적끈적하고 괜히 짜증나는 것들이 이어지고 있다.

노사연의 말처럼 우리는 늙어가는 것이 아니라 익어가고 있다.

그러나 생각 없이 나이만 먹으면 익어가지는 않는다. 그동안 살아온 삶을 되돌아보면서 무심코 지나쳐버린 것에 대한 깨달음을 느끼곤 한다. 누구나 생각은 다 한다. 생각하고 사는 사람이 있고 살고 나서 생각하는 사람이 있다.

말을 더듬은 사람은 빠른 머리를 입이 따라가지 못하기 때문이란다. 여유 있는 발걸음도 갈지자이면 추진력도 약하고 함께 가는 사람이 힘들다. 그렇다고 너무 곧아서 휘어지는 묘미를 모르면, 돌아설 수 있는 기회가 사라진다. 생각이 많으면 걱정도 많아진다.

인생의 큰 문제해결을 위해서 시작할 때는 용기가 필요하고, 중간에는 지혜가 있어야하며, 마무리할 때에는 결단력이 필요하다. 그 흔한 아파트 분양을 받기위해서도 처음에 발품은 기본이고, 망설이는 다른 사람보다 용기 있는 도전이 있어야한다.

중도금 지불은 기다리는 인내와 걱정하는 사람들을 설득하는 지혜가 필요하다. 승부는 마지막에 있다. 아파트는 4년만 살고 옮기라고 한다. 집값이 오를 때 더 받겠다고 붙잡고 있으면 틀림없이 땅을 치고 후회하게 된다. 다른 사람도 먹을 것은 남겨놓아야 한다. 그래서 우리 조상들은 감나무 끝에 까치밥을 남겨 놓았다.

찌는 듯한 폭염 속에서도 장마는 오고 있다.

자기 형편에 맞는 준비가 필요하다. 장마가 끝나면 아픈 사람도 아픈 채로 세상을 살아간다.

부부 사이에도 폭염과 장마가 상존한다. 아내들은 늘 옆집 친구네와 비교하며 화끈함과 자상함을 부러워한다. 그래서 어느 집이나 견디긴 힘든 폭염과 장마가 남편을 괴롭힌다.

내가 가진 것은 당연하고, 없는 것은 크게 보인다. 폭염 속에서는 장마를 그리워하고, 장마가 계속되면 덥더라도 쨍한 날을 갈망한다.

장마나 폭염도 끝이 있다. 지나친 부러움도, 생각 많은 걱정도 시간이 가면 해결된다.

그래서 부부는
서로 사랑하면서도,
끝없이 미워하고 다투며 살 수밖에 없다.

보고 듣는 것

돈 버는 딸이 있다는 것은 매우 즐거운 일이다. 그동안 노심초사하며 투자한 결과 미흡하지만 아침마다 출근하는 모습을 보면 마음이 든든하고 편안하다. 더구나 오래된 핸드폰을 겔럭시2로 바꿔준 2년 전의 감동은 너무 애지중지해서 때가 진득하게 묻어난 케이스를 보면 지금도 가슴이 찡해진다.

더 좋은 일은 새 케이스로 바꿔 줄 테니 원하는 것을 말하라는 효도에, 요즈음은 다른 사람의 핸드폰만 관찰하는 버릇이 생겼다. 케이스가 없는 사람은 대부분 어린 학생들, 알록달록 예쁜 모습은 젊은 처자들, 무채색으로 단순한 중년들, 가끔 짙은 원색은 철모르는 노친네…. 그래서 나도 결정했다. 철모르는 쪽으로 놀림은 당해도 마음은 젊어지니까!

그렇구나, 보이는 것도 내가 관심있는 것만 보이는데 또 듣는 것은 어떨까? 세상이 말한 큰 권력을 가진 성공은 아니지만 가족과 떨어져 스스로 밥 해먹어가면서 4년간 섬생활을 하기도 했고, 밤늦게까지, 쉬는 날도, 방학 때도 맘 편히 쉬지 못하고 스스로 노력하여 성취한 길이기에 비록 작은 학교이지만 만족하고 날마다 보람을 느끼고 생활하고 있다.

가끔씩 달콤한 말로 나를 칭찬하는 본교 교직원이나 학부모를 볼 때면 기분이 상당히 좋다. 솔직히 이 기분을 즐기려고 굉장히 신경쓰며 학교를 운영하고 있는지도 모르기 때문이다.

그런데 조금 신경쓰이는 부분도 있다. 흔히들 칭찬하던 입으로 또 심하게 비난도 한다고 한다. 그래서 내가 바라는 칭찬은 내 경지를 넘어선 수준 높은 머리 굴림이든가 솔직하고 진실된 마음이기를 바란다. 내 경지란 사람의 마음을 파악하는 상담심리 교사 자격증을 소지하고 있고, 치매예방을 핑계로 수시로 동호회 수련을 게을리 하지 않는 노력으로 도달한 수준을 말한다.

더구나 우리가 진실이라고 믿는 대부분의 소문은 50%는 사실이고, 나머지 50%는 내가 바라는 소망을 더한 것이라고 한다. 그래서 내가 보는 것이나 듣는 것의 대부분은 내가 원하고 좋아하는 것이기 때문에 올바른 판단이나 객관적인 생각을 하기 어려운 것 같다.

날마다 접하는 정치인들의 발언이나 언론의 논설을 보면서 고개를 갸우뚱할 때가 많다. 너무나 뻔한 사실을 두고도 극과 극으로 다른 말을 하는 것을 보면 역시 보는 것과 듣는 것이 모두 자기가 이미 마음에 정한 내용만 보고 있기 때문이라는 생각이 든다.

내가 한 말에 '개도 웃긴다' 는 개그맨이 되지 않으려면 눈과 귀에 나만의 안전망이란 시스템을 설치해야겠다.

긴 명절, 속마음 살피기

올 추석 연휴는 토요일, 일요일, 임시공휴일, 대체휴일을 적용해서 자그마치 10일이나 된다. 한 달의 1/3을 쉬는 것이니 월급 주는 사장의 입장에서는 무척 힘들 것 같다.

어디 힘든 사람이 그 사람뿐이겠는가! 백수인 나도 수영장이나 골프연습장이 연휴 동안 쉬기 때문에 벌써 방콕 예약을 해놓은 상태이다.

시집 잘 간 내 친구 딸은 긴 연휴 때문에 벌써부터 속이 부글거리는 모양이다. 결혼 전에 그 좋던 명절이 이제는 머리 아프고 너무 피곤하단다. 적당한 가격에 생색나는 선물, 잘못 드리면 욕먹는 용돈, 평소보다 시간이 두 배 걸리는 운전, 허리 한번 못 펴고 죽어나게 장만하는 음식 등 1년에 두 번은 피할 수 없는 큰 고통이란다.

그런데 올해는 잘 살고 오지랖 넓은 시부모 때문에 더 죽을 맛이 깊어졌단다. 지방인 대구에서 함께 추석을 지내고 4박5일 온 가족 해외여행을 간단다. 연휴 길겠다, 모든 경비 시부모가 부담하니 남들은 다 부러워

한다.

그런데 어쩌랴. 남편에게도 말 못하는 스트레스와 지친 몸을 좀 쉬었으면 좋겠고, 늦었지만 친정도 가고 싶으니 말이다.

명절엔 시집간 딸까지 모두 모여 맛있는 음식을 먹으며 차례도 지내고 손자 재롱도 보는 것이 부모의 최상의 소원이다. 그래서 늘 입에 달고 사는 말이 있다, '부모가 앞으로 살면 얼마나 살겠느냐!' 다.

그런데 말이다. 내가 보고 싶은 딸도 그 집에선 며느리이다. 지치고 늦어서 친정에 오면 부모는 속상하다. 내 며느리도 사돈네의 예쁜 딸이다.

더 늙기 전에 해외여행도 온 가족이 가보고, 1년에 한 번이라도 온 가족 얼굴이라도 마주할 수 있는 법이라도 만드는 사람이 있다면 정당이나 고향도 묻지 않고 대통령으로 찍어주겠다.

이래저래 명절이 되면 말이 많다. 연휴가 길지만 서로의 속마음을 조금이라도 살피며 즐거운 추석이 되었으면 좋겠다.

명절이 끝나도 우리는 살아야 되고, 세상은 내가 변하지 않으면 누구도 바꾸어 주지 않는다.

노파심에 한 마디 더 하련다. 명절날 금기어가 있단다. 내 며느리적 이야기, 남의 며느리 미담, 결혼, 취직, 대학입학 등은 입도 뻥긋 해서도 안 된다. 그저 박수나 치고 웃고만 있으면 된다.

2

사랑을 위하여

사랑은

올해 어버이날은 형식화된 카네이션 하나로 하루를 쉬었다. 어려서, 젊어서, 나 살기에 바빠서 아프거나 힘들 때만 생각나는 어버이였는데 내가 자식을 낳고 제법 귀밑머리가 희끗 물들어 갈 무렵이 되니, 부모의 마음이 조금씩 이해가 되고 이미 이 세상에 안 계시는 당신 생각에 가슴 깊은 곳이 아려온다.

사랑을 위해 왕관을 버리거나, 전쟁으로 헤어진 남편을 평생 기다리고 있는 할머니, 이룰 수 없는 사랑으로 목숨까지도 버린 로미오와 줄리엣은 남녀 간 사랑의 아름다움을 증명하고 있다. 이 사랑은 때가 되면 누가 가르치지 않아도 스스로 알게 되며, 시키지 않아도 하게되고 어떤 조건 하에서도 이루어질 뿐만 아니라 자신을 위한다는 면에서 동물에게도 공통적이다.

누구 하면 알만한 자식들이 늙은 어머니가 짐스러워 대합실에 버렸는데, 경찰관이 자식에 대해 묻자 '없다' 고 우기다가 종래에는 준비한 독약으로 자신의 입을 막아버린 어머니의 행동은 비뚤어지긴 했지만 자신의 목숨보다 자식의 명예를 중요시 여기는 부모의 사랑을 단적으로 말해준다.

사랑은 '아래로 내려간다.' 고 항변하며 어쩔 수 없음에 안주해오다 부모를 모두 떠나보내고도 한참 지난 어느 날, 그토록 모든 것을 바쳐 사랑한 자식들에게서 서운한 점을 느낄 때 문득 부모님의 얼굴이 떠올라 가슴 치며 혼자 우는 경험이 누구에겐들 없을까?

이유식을 끝내는 시기를 어머니의 너무 친절한 사랑(?)으로 놓친 아이는 튼튼한 이와 위를 만들지 못하고, 공공장소에서도 마음대로 행동하여도 다른 사람의 꾸중을 거부하는 부모의 욕심은 부메랑이 되어 자신에게 돌아온다는 것을 깨닫지 못하는 안타까운 사랑도 자주 본다.

사랑이란 이름으로 수많은 행위 중에는 '주는 자의 욕심과 편리한 방법' 때문에 일어나는 갈등은 또 무엇인가? 내가 아닌 받는 사람을 위한 사랑이어야 할 텐데, 주는 자가 희생했으면 숭고한 사랑이 될 수 있을까? 혹시 '익애' 나 '시혜적 사랑' 은 아닌지 생각해 볼 일이다.

농촌의 소시민 가정에서 태어나 집칸이나 마련하고 큰 부족함 없이 자식 둘을 교육시키며 살아온 나에게, 언론에 회자되는 '전 재산을 기증한 할머니' 의 이야기는 항상 부럽지만 살기에 바빠서 나의 사랑으로 승화시키지 못했다. 그러나 지천명을 지나면서 지나온 시간보다 남은 세월 셈하다보니 인생의 허망함과 빠름은 다른 삶의 방식을 요구한다.

이제는
베풀며 사는 자세와 여유를 가져야하겠다.

'다름의 강' 건너기

두 달에 한 번씩 부부동반으로 만나는 모임이 있다. 거의 30년이 다 되어가니 함께 흘린 땀만큼 애틋한 정이 들었다. 한 때는 텐트와 배낭을 메고 어린 자식 손잡고 계곡이나 해변에서 야영도 했으니 서로의 숟가락 숫자도 기억하고 있다. 그래도 이해할 수 없는 서로의 다름에 대한 특성 탓에 식후의 논쟁이 끝이 없이 이어진다.

만물의 영장이란 인간은 스스로 사고하고 행동한다. 그래서 지구상에 수많은 민족들은 환경과 이념에 따라 서로 다른 문화를 만들었다. 처음에는 합의하여 하나가 되었지만 시간이 지나자 다름은 커지고 견딜 수 없는 구속은 서로에게 상처만 만들어 가고 있다. 어디 다름이 민족 간에만 있을까?

다름의 한편에서 보면 불편하고 이해할 수 없는 고집으로 보인다. 거기에 마음까지 더 보태면 견디기 어려워진다. 왜 그것만 좋아하는가? 이렇게 하지 않는 이유는 무엇인가?

40여 년을 함께 한 부부 사이에도 아직 너무 많은 부분이 달라 티격태격하며 살고 있다.

이 무더운 여름날에도 이 시리도록 차가운 물을 여러 번 둘러쓰고 속옷만 겨우 걸쳐야 잠이 오는데 가깝지만 한참 다른 사람은 따뜻한 물로 샤워하고 이불을 덮고 잠을 잔다.

같은 것 좋은 것이 많아 함께 살지만, 수시로 부딪히는 다름은 돌이킬 수 없는 결정에 대한 판단을 아쉬워할 때가 있다. 지금까지 건너온 다름을 손꼽다 보니 무척 많다. 내가 양보한 다름도 있고 아내가 인정한 다름도 있다. 그러나 아직도 해결되지 않는 다름은 점점 그 껍질이 두꺼워지고 있는 것 같다.

이미 건넜거나 아직 건너지 못한 다름의 강을 바라보면서, 이제는 말할 수 있다. 무엇이 옳고 그름은 중요하지 않다. 서로가 견딜 수 있는 만큼의 다름이라면 아무라도 먼저 한발 물러서고, 건널 수 없는 강이라면 그럴 수밖에 없는 이유가 있다고 체념해야 한다. 꺾어서라도 내 쪽으로 잡아당긴다면 그 사람은 오래 살지 못한다. 좋아서 옳기 때문에 인정하라는 것이 아니다. 서로 함께 살자고 하는 말이다.

최선의 부부 관계란 온갖 풍상을 겪어 본 뒤에 서로를 있는 그대로 받아들이는 것이라고 한다. 뜨거움은 식었지만 평안함은 늘었다. 떨어질 수 없는 그림자처럼 있는 듯, 없는 듯 붙어서 남은 삶 살아보자.

할 수만 있다면 다음 생에 다시 만나, 아직 건너지 못한 다름의 강을 내가 양보하여 한 번 넘어보고 싶다.

워킹 맘

남자들의 로망이 있다.

밥값이든 술값이든 '오늘은 내가 쏜다.' 이다.

혼자 아무리 많이 벌어도 언제나 불안한 마음이 한 구석에 자리잡고 있다. 세상사 모르는 일이다. 오늘 잘 나가는 사람도 내일 일은 장담 못한다. 그래서 금수저 물고 태어나지 못하면 든든한 아내의 뒷배경을 선호한다.

남자들은 누구나 허세가 있다.

아내들이 가장 싫어하지만, 초등학교 동창들에게 크게 밥을 서로 사려고 경쟁을 한다.

맞벌이 아내를 의지하면 부끄럽게 남아있는 어린 옛 모습을 한방에 잠재울 수 있는 신의 한수를 발휘할 수 있기 때문이다.

어느 워킹 맘은 지금도 말한다. '애가 많이 아프다.' 는 유치원 샘 말을 듣고도 당장 달려갈 수 없어 화장실에 가서 통곡했다고….

그래서 그들은 '너희들은 둘이 버니까 좋겠다.' 라는 말에 심한 알레르기를 일으킨다. 내가 선택한 일이기에 누구를 탓할 수도 없으면서도.

당당하고 현명한 워킹 맘 이야기다. 추석에 시댁인 구례까지 8시간 걸려 내려갔단다. TV에 나옴직한 친절한 시어머니가 "다른 것은 다 했는데 부침개만 못했다. 부치고 쉴래? 쉬고 부칠래? 네 남편은 쉬라고 해라. 운전하느라 고생했으니."

이때쯤 되면 대부분 며느리는 '시' 자가 들어가는 말에 진저리를 치게 되고, 올라가는 귀경 길에 법원까지 직행하는 불상사가 일어나기도 한다.

막힌 귀 뚫고 들어보자.

그 며느리의 예쁜 말을.

"어머니! 사실 운전은 제가 하고 왔어요. 그래도 부침개는 지금 하고 쉴께요."

며느리를 딸처럼 생각한다는 시어머니가 많다. 그러나 그 시어머니는 며느리였던 옛날 일을 기억하지 않는다. 그래서 며느리 한이 자기 딸에게도 있는 줄을 모른다.

워킹 맘은 퇴근도 없다. 단지 일자리가 바뀌기 때문에 힘들다. 더구나 효자이며 조선시대에서 진화하지 못한 남편이 있는 곳에서는 더 많이.

그래도 그들은 원한다.

내 며느리가 워킹맘이 되기를….

살모사

다른 뱀들은 알을 낳아 새끼를 키운다. 그런데 살모사는 뱃속에서 새끼를 부화하는데 새끼들은 자라면서 어미를 뜯어먹다가 배를 뚫고 나온다고 한다.

그래서 어미를 죽이는 뱀이기에 '살모사' 라 불린다.

나는 뱀을 굉장히 싫어한다. 큰 의미는 없겠지만 아이러니하게도 뱀띠해, 그것도 견우와 직녀의 슬픈 사랑의 만남이 이루어지는 칠석날에 태어났다. 그래서인지 몰라도 겉으로 드러난 모습은 차갑고 조금 쿨하지만 속으로는 겁이 많고 눈물도 흔하며 잔정이 있다고 한다.

안타까운 이야기가 있다. 국민학교 동창인데 먹고 사느라 바빠 동창회에 한 번 안 나온 녀석이다. 퇴직하고 강원도 어디로 귀촌하여 집짓고 잘 산다고 했다.

그런데 일찍 결혼하여 분가한 아들의 사업이 어려워져 도와달라고 수없이 부모를 졸랐단다.

부모 마음이야 다주고 싶지만, 키우고 가르치고 결혼까지 시키고 나면 특별한 재산이 없는 것이 우리들의 형편이다. 그런데도 '죽겠다'는 협박에 아내가 무너지고, 남편이 동의하지 않아 재산분할을 위해 이혼까지 감행하여 아들을 도왔단다.

얼마동안은 아들의 사업도 잘 되어 엄마를 섭섭지 않게 챙겼다고 한다. 그러나 어쩌랴 만만치 않는 세상이라 아들 사업은 또다시 망하고 엄마는 친척집을 전전하다 결국 화병으로 돌보는 사람도 없이 입원하고 말았단다.

그래도 질긴 인연이 끝나지 않았던지, 헤어진 남편이 어떻게 알고 찾아와 퇴원하면 자기에게 오라고 아파트 키를 두고 갔다.

마지막으로 얼굴이나 보자고 찾아간 집은 15평으로 많이 낡아 있었다. 망설이다 문을 열고 들어가니 남편은 지병인 심장마비로 이미 싸늘한 시신이 되었고 식탁에 편지 한통만 덩그러니 있었다.

한참을 넋 놓고 눈물만 흘리다가 읽어본 편지에는 매정한 남편 소리 들어가며 지킨 돈으로 산 아파트가 아내 명의로 되어 있었단다.

살모사가 아니어도 자식은 부모의 살을 먹고 산다. 어미는 맹목적인 자식사랑으로 인간 살모사를 만들기도 하고, 매정하고 독한 애비는 지혜는 있으나 세상 떠나가는 날 혼자이기 쉽다.

즐거운 명절이다. 가족이 모이면 큰소리가 나기도 한다. 그것도 있는 집에서. 그래도 명절은 명절이다. 늘 한가위만 같았으면 좋겠다.

내 남편을 팝니다

자기 남편을 팔고자 광고를 하는 것이 그렇게 유쾌한 일은 아니랍니다. 그래도 어찌하겠습니까? 기업도 어려울 땐 서열이 낮은 것부터 매각한다고 합니다.

남편이 나이 들어 퇴직을 하고나니 말로만 듣던 어려운 경제가 조금씩 실감이 납니다. 양에 차진 않았지만 그래도 꼬박꼬박 매달 들어오는 월급 때문에 명품 가방 하나 사지 못하면서도 먹고 살고 자식 교육까지 잘 마쳤습니다. 시어머니야 그렇다 쳐도 나만을 사랑한다던 남편이 어느 틈에 남의 편이 된 것 같아 요즈음 자꾸 말이 많아지고 있습니다. 때로는 많이 겸손해진 모습이 안쓰럽기는 하지만 이제는 좀 성가신 것이 솔직한 심정이랍니다.

구차한 사정으로 가격을 올릴 생각은 없습니다.

남편을 선택할 때는 제가 힘이 많이 들었습니다. 믿을 수 있는 메이커에 외장 좋고 기능도 뛰어나고 누구에게나 호감이 가는 디자인 탓에 열명이 넘는 경쟁자를 물리치기 위해 지금보다 두 배나 더 되는 시간을 화장을 했고, 동원 가능한 여우 짓을 다 했답니다.

그러면 뭐합니까? 쿨하게 정리하겠습니다.

연금이 있습니다. 자기가 절반은 써버리지만. 외장은 한참 때 보다는 배가 좀 나오고, 머리가 벗겨졌지만 그 흔한 가발하나 쓰고 두세 달 헬스를 시키면 50대 초반으로 착각할 것이라 보증합니다.

기능은 몇 번 수리는 했지만, 조심해서 사용하면 보증기간인 100세까지는 충분히 자급자족이 가능합니다.

퇴직 후에는 요리사자격증도 따서, 곧잘 먹을 만하게 식사도 준비하고 있습니다.

사기라는 오명은 쓰고 싶지 않습니다. 솔직히 요즈음 고집이 세지고 짜증이 좀 늘었습니다. 그리고 설거지할 때 장갑 끼고 뜨거운 물로 하지 말라고 말을 해도 잘 듣지 않는답니다.

기왕에 서비스 한 김에 통 크게 쏘겠습니다. 그동안 잘 가르쳐서 효자가 확실한 결혼 안한 아들도 덤으로 드리겠습니다.

단 일단 계약이 성립되면 환불이 불가하고 추후 하자 수리 요청은 안 됩니다. 입소문이 많이 나서 문의 전화가 빗발치고 있습니다. 놓치고 후회하지 마시고 빨리 빨리 결정하시기 바랍니다.

참 뭐라 딱 말하기 곤란하지만 참 좋은 사람입니다. 아직도 지난번 남편 매매 건에 대해 뒷말이 많아서 소유자의 동의를 얻어 추가 공고합니다. 사실은 남편을 바꾸어볼 생각이셨는데, 그동안 알아보니 대체할만한 사람을 찾지 못했답니다. 계약금을 두배로 물어주고 해약했습니다.

확실히 듣지는 못했지만 나가시면서 '바꿔 봐도 그놈이 그놈이여!' 라고 했던 것 같습니다.

부모

'유자식이 상팔자' 인지, '무자식이 상팔자' 인지 단정하기는 어렵다. 그런데 자식에게 한 만큼만 부모에게 한다면 효자가 된다는 말을 흔히 듣는다.

심지어 자식에게 효도 받지 못한다는 것을 잘 아는 부모들도 자식에게 지극 정성을 아끼지 않는 것을 본다. 아마도 부모는 전생에 큰 빚을 진 사람을 자식으로 낳아 그 빚을 갚으려고 평생 희생하며 사는 모양이다. 하기야 이 거친 세상에 자식의 뜻도 묻지 않고 덜컥 낳았으니, 철없는 자식이 무리한 요구를 들어주지 않을 때 '왜 날 낳았어요?' 라는 말에는 할 말이 없다.

아내 친구 딸이란 '아친딸' 의 이야기다. 모두가 부러워하는 복을 받고 태어났다. 얼굴도 예쁘고 음악재능이 뛰어나 초등학교 때부터 알만한 상은 독식하였다. 그래서 그 학교학생이면 모두가 그 딸을 알고 있으며, 모르는 사람은 간첩이 아니라 전입생이었다고 한다.

잘된 자식을 너무 부러워하지 말자. 아친딸도 복은 자식이 받았고 짐은 모두 부모가 졌다. 능력만큼 키우기 위해서는 그냥 보고만 있으면 되는 것이 아니다. 뻔한 살림이지만 고액과외는 기본이고 유학까지 보내야 한다. 거기다 자식이 어리니 엄마와 함께 가야하고 아빠는 학자금을 마련하기 위해 밤낮없이 죽어라 일해야 하니 가족은 외로움에 지쳐 남이 되어갔단다.

그 이야기는 그만하자. 뒷이야기가 너무 가슴 아프니까!

어째든 자식의 요구나 주장과 능력까지도 부모가 이길 수 있는 것은 아니다. 모든 것을 다 털어도 어쩔 수 없다면 모르지만 조금이라도 가능하면 끝장을 내서라도 해줘야하는 것이 부모의 숙명이다. 그래서 잘 만들어야 하고, 잘 가르쳐야 하며, 기도를 많이 해야 한다.

나도 어려운 고비를 잘 넘겨왔는데 마지막 아들의 결혼 문턱에 걸려 많이 비틀거렸다. 조금씩 빛이 보이는 듯 하지만 그래도 불안하다.

야구의 9회말 동점, 만루, 투 아웃, 투 쓰리 풀카운트일지라도 끝난 것이 아니다. 이제 시작이다.

남의 자식은 가르쳐도, 내 자식 사람 만들기는 참으로 어렵다.

올해도 얼마 남지 않았는데, 우리 집에선 갈라진 홍해를 볼 수 있을까?

내 편은 누구인가?

요즈음은 밥이 없어 배고픈 것이 아니라, 마음이 허전하고 영혼이 메말라 배고픈 시절이다.

그래서일까 아내들이 힘들 때 하소연 하는 말이 있다.

'내 남편은 내 편이 아니다.'

사람은 믿는 사람을 내 편이라고 생각한다. 그런데 믿음의 기준이 늘 사고를 친다. 무조건, 잘 잘못을 따지지 않고 자기를 믿어주고 지지해야만 된다는 믿음이 갈등을 일으킨다.

믿음의 배신은 가까운 사이일수록 충격이 크다.

그런데 가만히 생각해보자. 부부나 자식 간에도 의견이 다를 수 있다. 단순한 생각의 차이라면 그래도 극복이 가능하다. 사랑이 있으니까!

그런데 아내들이 말하는 내편은, 불륜 같은 못 견딜 만큼 커다란 배신을 말하는 것이 아니다. 일상 속에서 일어나는 조금은 이기적이고 사리에 어긋나는 그렇고 그런 이야기에서 비롯된다. 그냥 고개 한번 끄떡이고 '그래 맞아!' 한번 해주면 될 것을 남편은 꼭 옳고 그름을 지적하고 정색하여 남의 편이 되고 만다.

사실 남자는 이런 것이 참 힘들다. 사랑하는 아내나 자식의 사소한 잘못일지라도 그냥 묵인하면 그것 때문에 다른 사람에게 무시당할까봐 노파심에 공감해주지 못할 때가 많다.

그런데 웃기는 것은 조금 이상한 말을 하는 아내나 자식도 내가 걱정하는 문제점을 잘 알고 있다는 것이다. 힘든 세상에 의지할 곳이 많지 않기 때문에, 많은 사람이 손가락질을 해도 나를 무조건 품어줄 내 편이 있어주기를 원하는 바램이 자주 원망이 되나보다.

그래도 그런 원망을 들어가면서도 바르게 선 내 남편이 있었기에 언론에 회자되는 부침개 던지는 아내나 땅콩 까달라는 자식이 되어 욕먹지 않는지도 모른다.

때가 되면 자식도 부모를 떠나야 한다. 홀로 설 수 있도록 아빠는 사전에 혹독하게 훈계를 하고, 엄마는 모든 것을 끝없이 걱정하며 지도 조언한다. 누가 뭐라 해도 언제나 내 편은 남편이고 부모이다. 단지 그 표현방식이 서투른 남편과 부모가 있을 뿐이다.

자식이 부모를 제대로 사랑하는 것은 스스로 독립하는 것이고, 부모가 자식을 정말로 사랑하는 것은 자녀를 떠나보내는 것이다.

외롭고 서운함을 견디는 것은 부모의 몫이고, 조금 힘들지라도 부모에게 손 내밀지 않고 이겨내는 것은 자식의 도리이다.

즐거운 추석 명절 가족이 모이면 반갑지만, 서운함도 안타까움도 많이 생긴다. 귀경하는 자식들의 가슴에 힘이 되는 덕담 하나 심어 보내자.

'오늘 내가 힘들다는 것은 내 삶이 높은 곳으로 오르고 있다는 것이고, 내가 웃으면 어려운 일도 쉽게 풀린다.'

어떤 사랑

사랑만큼 고귀한 것이 어디 있을까? 그래서 우리는 그 사랑을 누리고 간직하기 위해 결혼하고 자녀도 낳아 사랑한다면서 세상을 살아간다. 그런데 조금 특별한 사연이지만 자세히 보면 누구나 하고 있는 비슷한 사랑을 들었다.

사자와 소가 부모는 도저히 이해할 수 없는 사랑에 빠져 결혼을 했단다. 부모는 온갖 설득과 협박까지 다 동원했지만 기막힌 사랑을 막을 수 없었다. 그들의 사랑은 요즈음 시대엔 전설이 된 자기의 가장 소중한 것을 희생하며 서로를 배려하는 숭고한 모습이었다.

사자는 가장 먹고 싶은 부드러운 살코기를 소에게 양보하고 소는 싱싱한 연한 새싹을 사자에게 주기위해 고통을 견디어야 했다. 그뿐만 아니라 상대가 권한 아주 먹기 힘든 것도 사랑이란 힘으로 먹으며 살았다. 자기 목숨처럼 사랑했기에.

그러나 그런 사랑도 한계가 있었다. 1년이 겨우 지난 추운 겨울에 그들의 사랑은 끝났다.

진정한 사랑은 남아서 주는 것이 아니라, 나에게도 소중한 것을 줄 수 있어야 한다. 그래서 아내를 위해 왕관을 벗은 사람도 있고, 어머니를 살리려고 콩팥을 떼어주는 자식도 있다.

여기서 끝이 아니라 말이다. 내가 아는 맹모는 자식을 위해 자신의 삶을 거의 포기하고 사랑이란 이름으로 고행을 하였다. 자식에게 좋다는 과외는 빠짐없이 시키고 어학연수와 형편이 빠듯한 가운데 미국 유학까지 보내 보란 듯이 의사를 만들었다.

여기서 끝이 아니라 요즈음은 자기들도 아까워 못 먹는 싱싱한 전복과 낙지를 사서 매주 아들에게 다닌단다. 더구나 4시간씩이나 차를 타고 밑반찬과 보약까지 진상하느라 눈코 뜰 새 없단다.

이 사랑 여기까지면 얼마나 좋을까!

받는 사랑도 너무 많으면 부담이 되고 짐이 된다. 행복에 겨울 것 같은 그 자식이 '이제는 간섭 안 받고 스스로 살고 싶다.' 고 한단다. 그래서 지금은 부모와 자식 관계가 서먹해지고 서로에게 원망만 늘어가고 있다. 더구나 반발심에 결혼도 안 한다고 해서 부모 마음이 새까맣게 타들어 가고 있다.

아무리 사자와 소처럼 고귀한 사랑도 받는 사람을 이해하지 못하면 공허한 사랑이 된다. 죽어라고 벌어서 물려주면 그 돈이 독약이 되어 자식을 망치기도 한다. 내 자식의 그릇크기 만큼 담아주고 소화할 시간을 기다려 줄 수 있는 부모가 정말 사랑을 아는 부모이다.

사랑 참 어렵다. 그래도 우리는 사랑을 해야 한다.

하지만 무조건 퍼 주는 사랑은 독이 된다.

버리려고 떠난 여행

우리 가족은 지난겨울 제주도로 가족여행을 다녀왔다. 내 나이를 감안하여 친구들이 아들 결혼이 너무 늦다는 걱정을 하기에, '이젠 효도 좀 해라. 그러면 크루즈 여행이라도 쏘겠다.' 라는 협박성 선심을 '1년 안에' 라는 단서를 달고 협상한 결과였다.

제주도는 바다를 건너간다는 점에서 해외여행일 수 있다. 여권 없이, 통역 없이….

즐거운 여행의 조건은 3가지이다. 날씨, 동반자, 가이드다.

약간 쌀쌀했지만 따뜻한 남쪽나라 겨울날씨는 그런대로 좋다.

너무 진지하고 성격이 급한 탓에 가끔 불협화음이 있지만, 30년 넘게 함께 한 가족이니 짜릿한 재미보다 마음이 편한 동반자다.

똑똑하고 치밀한 계획으로 준비한 가이드 딸이 있으니 더 이상 욕심낼 것은 없었다. 그래서 이번 여행은 조건을 다 갖춘 것 같다.

'여행은 가벼울수록 즐겁다.' 라는 나의 주장과 '다 챙겨가지 않으면 후회한다.' 라는 아내의 주장이 충돌했지만 자식까지 동원한 아내의 기세에 꼬리를 말고 말았다.

기내에서 그 유명한 땅콩도 먹어보지 못하고 주스 한잔으로 목을 축이니 벌써 제주도가 발아래에 있다.

비우려 왔으니 일정은 자유스럽게 승용차는 렌터카, 가이드는 치밀한 딸, 운전은 든든한 아들로 정했다.

천만 요우커는 사드의 바람에 날라 갔는지 거의 보이지 않았지만, 발길에 걸리는 것이 관광객이다.

여행이야 추리고 정리하면 3가지다. '맛있는 것 먹기, 아름답고 신기한 것 보기, 의미 있는 체험하기' 이다. 그래서 일곱 끼니를 아침은 호텔 조식, 전복해물 두루치기는 서귀포, 흑돼지구이는 중문, 옥돔과 은갈치는 어장군, 한식은 거부한 정식, 회는 쌍둥이횟집에서 입이 호강을 했다.

제주도는 볼 것도 많다.

무한 신비의 만장굴, 장엄한 천제연폭포, 에코랜드, 잠수함 등 여행은 눈으로만 하면 지루하다. 쇠소깍에서 투명카약을, 영화보다 스릴 있는 승마, 둘레길 중 이름난 제7코스, 한라산 등반은 가장 완만한 영실코스였다.

이젠 돌아가자.

이번 여행은 조금 피곤하지만 가슴만은 따뜻했다. 비우려고 떠났던 곳에 어느새 가족에 대한 사랑과 책임 그리고 내일에 대한 희망이 가득 들어찬 것 같다.

미리 써 본 편지

여기까지 오면서 많은 사연과 한숨이 있었습니다. 그러나 이렇게 좋은 날을 허락하신 하나님께 영광을 올리며, 함께 축하해주신 모든 분들께 먼저 감사 인사를 드립니다.

늘 기도하지만 부모 뜻대로 안 되는 게 자식이었습니다.

어느 부모가 자기 자식을 위해 더 좋은 것을 주려고 하지 않겠습니까?

저희들도 시작은 장흥관산이라는 작은 어촌 단칸방이었습니다. 맞벌이라 아들을 낳았지만 키워줄 사람이 없어 국민학교를 갓 졸업한 가정부의 손을 빌렸습니다.

다행히 광주로 이사하여 국민학교 2학년까지 그곳에서 살다가 자식에게 더 많은 기회를 주고 싶다는 아내의 열성이 아무 연고도 없는 인천으로 91년에 옮겼습니다,

부부 모임이라도 있는 날, 데리고 갈 수 없는 사정이 있으면 애들만 아파트에 문 잠가 놓고 갔었습니다. 그때 TV에 홀로 남는 아이들이 불장

난하다 불행한 사고를 당했다는 뉴스 소식을 듣고 너무 미안해서 둘이 펑펑 울기도 했습니다.

누구 하나 도와 줄 수 없는 곳에서도 승진을 하겠다고 고3 아들을 아내에게만 맡겨두고 강화도에서 4년을 살았습니다.

그럼에도 불구하고 하나님의 사랑을 많이 받았습니다. 늦게 출발했지만 빨리 교감으로 승진하고, 뛰어나지는 않았지만 아들을 무난히 서울에 있는 대학까지 졸업시켰습니다.

벤처 열풍이 불던 시절이라 컴퓨터공학을 전공했는데 부모의 권유를 그렇게 듣지 않더니, 결국은 공무원이 되었습니다.

다행히 서울시 공무원이라 박봉이지만 자주 얼굴을 볼 수 있어 늘 감사의 기도를 합니다.

남들이 다 자랑하는 손자 사진 카톡에 올리지 못해 주눅이 들어 살아왔는데 이렇게 예쁜 며느리를 오늘 우리 가족이 되게 허락하신 사돈 내외분께 감사드립니다.

자식이야 키우는 재미지 무엇을 크게 바라지는 않습니다. 남은 삶, 자식을 위해 항상 기도하고 무거운 짐이 되지 않도록 건강관리 잘하고 지켜보며 살겠습니다.

사랑하는 아들과 며늘아!

결혼을 축하한다. 상견례 할 때 부탁한 3가지 약속은 잊지 않았으면 좋겠다.

다시 한 번 지금까지 인도해주신 주님의 사랑과 결혼을 축하해 주신 모든 분들께 거듭 감사의 인사를 올립니다.

감사합니다.

나의 아버지

명절 때문인지 불쑥 아버지 생각이 났다. 대부분 자식들은 아버지보다 어머니에 대한 추억이 많고 더 그리워한다. 그래서일까 인질극을 벌이는 현장에는 꼭 애절한 목소리로 자식을 달래는 어머니가 있고 대부분 어머니 때문에 참을 수 없는 분노를 가라앉히고 마음을 되돌린다.

그런데 나에게는 어머니보다 아버지에 대한 기억이 많다. 일제침략시절에 할아버지가 조금 잘 살기는 하였지만, 어찌하여 대구에 있는 공고를 졸업하였는지는 기억에 없다. 덕분에 학도병으로 끌려가 인도네시아 보르네오 섬에서 생과 사를 넘나들었지만 운 좋게 살아남아 종전을 맞았다.

종전이 되고도 한참 지나 죽었다는 소문이 기정사실이 될 무렵에 돌아왔지만 조국은 찬탁, 반탁으로 혼란했다. 안쓰럽고 위험하다는 할머니 사랑은 당분간이란 단서를 달고서 운명의 국민학교 교사가 되고 말았다.

열악한 환경과 뜨거운 열정은 피를 토하고 쓰러지는 지병을 만들었고, 그것이 가져오는 후유증은 나의 삶에도 많은 고난을 가져왔다. 아직도 어렴풋이 남아있는 국민학교 시절의 추억 속엔 자전거 타고 면사무소로 출근하시는 멋이 있는 아버지 모습과 방학숙제를 못해 울고 있는 내 손을 잡고 일기를 함께 써주시던 따뜻한 품을 기억한다. 내가 1년 재수, 대기 3년의 방황을 끝내고 교사로 초임발령을 받던 날, 내 손을 잡고 미안하다며 유언처럼 당부하시던 말이 있다.

'자식들이 선생이 안 되었으면 했는데 형은 중학교 너는 국민학교 선생이 되었다. 쉬는 시간에는 꼭 창문을 열고 건강에 주의해라.'

지병으로 평생 고생하시며 푸른 꿈을 펼치지 못한 원통함과 당신의 병을 간호하다 45세 젊은 나이에 아내를 저세상으로 떠나보낸 한이 얼마나 컸는지를 그때는 몰랐다. 내 자식이 어느 정도 자라고 먹고 살만해져 고개를 들어보니 아버지는 안계셨다. 처음으로 아파트에 입주한 날, 새 차를 구입하여 타던 날 나 홀로 가슴을 쓸면서 울었다.

용돈 한번 마음껏 드리지 못하고 좋은 보약 한 번 못 지어드린 것이 그렇게 가슴에 맺혀있다.

산을 오를 때는 보지못한 것이 많다고 한다. 나이 들어서 퇴임도 하고 자식도 다 키우고 올랐던 산을 내려오면서 보니 이제야 아래도 보이고 주변 경치가 보인다. 명절에 찾아오는 내 자식을 보니 지금은 내 곁에 안계시는 나의 아버지가 그립고 죄송한 마음에 가슴만 먹먹해 진다.

아내 말은 항상 옳다

아직도 아내 말에 토를 다는 사람이 있는지 모르겠다. 결혼 초에는 하늘의 별도 따주겠다는 약속이 있어서 한계를 정하지 않고 최선을 다했다.

자식을 둘이나 낳고 나니 선녀의 날개옷을 더 이상 감춰놓을 필요가 없었다. 그런데 자식이란 족쇄는 정말 무서운 것이었다.

배고픈 내 입에 들어가는 음식보다 자식이 먹는 모습이 더 즐거웠다. 그뿐인가 철없는 자식이 탐내는 고가의 장난감을 위해 일숙직을 자청하고 그 좋아하던 회식자리를 피하는 것도 힘들지 않았다.

아내의 말은 항상 옳다. 그래도 아직까지 수긍하지 못한 몇 가지는 있다. 지금은 여러 가지 물건을 얹어 놓아 용도가 불확실한 피아노는 왜 꼭 구입해야 했는지, 또 자식들이 특별한 소질도 보이지 않는데 미술학원은 그렇게 열심히 보내야했는지 정말 이해가 되지 않았다.

그래도 나는 아내 말에 토를 달지 못한다. 2년제 교육대학을 나와 두 번이나 방송통신대학에 도전했다 실패했는데, 아내가 능력을 발휘하여

행정학과 3학년에 편입시킨 덕분에 1회 학사 학위를 받았다.

그뿐이 아니다. 게으른 나를 등 밀어 교육 대학원에 들어가게 하고 나중에 신의 한수가 된 특수교사 자격증도 아내의 공이 한몫했다.

아내의 말을 잘 들으면 자다가도 떡을 먹는다는 말이 맞는 모양이다. 불가능한 광주 전입 대신, 몇 년간 재주를 넘더니 인천광역시 시민이 되었고, 뻔질나게 모델하우스를 전전하더니 부천 상동을 거쳐 서울 목동에 집을 마련했었다.

그렇다고 나도 놀고만 있었던 것은 아니다. 통신대학 4학년 때와 대학원 3학기 때 장학금을 받아 롱부츠와 금 귀걸이를 사주기도 했다. 더구나 승진은 안 해도 좋으니 함께 살자는 말을 믿고 멍하니 있었다. 그런데 어느 날 갑자기 승진해야 한다기에 머리에 쥐가 나도록 공부하고 4년간이나 강화도에서 혼자 밥 해먹는 고생을 했는데 풍성한 주님의 사랑과 은혜로 승진을 했다.

틈만 나면 자기 덕분에 서울 이런 집에서 사는 줄 알라고 노래를 불러서 정성을 다해 찬양가를 부르느라 힘든 시절이 있었다.

그러나 퇴임하고서도 식지 않는 열정 때문에 재태크에 동분서주하기에 그동안의 공로는 인정하지만 이제는 조용히 살자고 최후의 통첩까지 발하였다.

요즈음은 옳으신 분부 받들어 날마다 아침엔 큐티, 성경읽기, 기도하며 수영도 하고 몸에 좋다는 토마토도 억지로 먹느라 바쁘다.

누구는 졸혼도 이야기 하는데 나는 갚아야할 빚이 많아서 밥하고 설거지, 빨래 개느라 꿈도 못 꾼다.

애고 애고! 내 신세가 '미운 우리새끼' 의 궁상민처럼 남은 삶이 쉽지 않을 것 같다.

내 아내는 왕비다

내 아내는 왕비다.

내가 왕이 아닌데도 왕비가 된 까닭은 내 핸드폰 아내 전화번호에 그렇게 이름이 붙여졌기 때문이다. 더구나 그냥 왕비가 아니라 왕비님이다. 그런데 제대로 왕비 노릇을 하지 못하니 그것이 문제다. 코스트코에서 장을 본 날은 짐이 많다. 무겁고 많은 짐을 트렁크에서 내리려면 힘이 드는 것이 사실이다.

그래도 그렇지 내가 임명한 왕비님인데 어떻게 짐을 들고 내리라 하겠는가! 그냥 엘리베이터 버튼만 누르고 있으라고 해도 말을 듣지 않는다. 꼭 평범한 줌마 행동을 한다. 그러고 나서 손가락이 아프다고 중얼거리면 권력도 없지만 폭군이 되려고 한다.

왕비도 자질과 인격을 갖추어야 한다.

첫째 인내심이 있어야 한다. 다 큰 자식이나 아직은 멀쩡한 남편이 있으면 조급한 마음을 참고 기다리고 지켜보아야 한다.

둘째 잔소리를 하지 않아야 한다. 당연히 내 손으로 할 때가 속 시원하다. 그러니 얻어먹는 밥이나 설거지 등이 내 양에 차지 않는 것은 당연하다.

그래도 내 아내가 왕비였으면 좋겠다.

무거운 짐 나르거나 청소, 설거지, 세탁기 돌리기 등은 아내가 아니어도 다른 사람이 대신할 수 있다.

힘들게 일하고 끙끙 앓거나, 아친남(아내 친구 남편)이 자주 등장하면 그것이 더 힘들기 때문이다.

왕비도 늙어간다.

어제 저녁에는 모과차를 마시려고 주전자를 가스레인지에 올려놓고 TV를 보다 홀라당 태워버렸다. 그뿐이 아니다. 얼마 전에는 수영장에 갔다가 그냥 돌아왔다. 수영복을 안 가지고 갔단다.

왕비는 그냥 되는 것이 아니다. 가족이 동의하고 사랑으로 실천해야 한다. 힘든 것, 누구나 할 수 있는 것은 물어보지 말고 먼저 본 사람이 해야 한다. 갑자기 왕비를 만들 수는 없다. 지금부터라도 가능한 것부터 노력해보자. 설거지, 분리수거, 세탁기 돌리기, 빨래개기, 청소하기, 시장 볼 때 물건 나르기는 가능하다.

왕비가 건강하고 오래 살아야 왕도 노후가 편하다. 가려운 등도 긁어주고, 기나긴 밤에 TV도 함께 보며, 밥도 둘이 먹을 수 있고, 가까운 공원에 손잡고 산책도 할 수 있다.

내가 왕비로 임명하지 않으면 누구도 왕비로 예우하지 않는다. 안에서 새는 바가지 밖에서도 샌단다.

부부 모임 가서 한 번 보자.

왕비가 몇 분이나 되는지.

또 있다.

왕비도 다 같은 왕비가 아니다.

1가지밖에 안 해주면 빈이고,

2가지 해주면 작은 나라 왕비,

3가지 해주면 큰 나라 왕비,

5가지 이상 해주면 여왕이란다.

그러나 여왕이 되면 골치 아프다. 가뭄이나 흉년이 들어도 원망을 듣고, 자식 교육의 결과도 책임을 져야한다.

엄마와 여자

엄마와 여자는 같은 사람이면서도 무척 다르다.

남편도 그 둘의 사이에서 헷갈리고 잘못 판단하면 두고두고 후회하게 된다.

누군가 했을 것 같은 이야기이다. 실직하고 놀고 있을 때 아내의 바가지는 참을 수 있는데, 내 아이 엄마의 앓는 소리는 견디기 힘들어서 피라도 팔거나 남의 집 담이라도 넘고 싶었다는 것이다. 그래서 남편에겐 아내보다 아이 엄마가 더 무섭다.

한 정거장도 힘들다고 걷지 못하던 여자가, 엄마가 되더니 열이 나서 칭얼대는 아이를 업고 몇 정거장을 뛰어 병원에 가기도 하고, 공정하고 도덕적인 선생 엄마도 내 자식이 불리하게 느끼거나 더 좋은 대우가 필요할 때는 김영란 법이 뭐가 대수고, 얼굴에 철판을 깔든 부끄러움이 없어지는 것이 엄마의 본능이다.

김동길 교수의 고백에 의하면, 믿음도 깊고 대단한 지성을 갖춰 존경하는 엄마가 먹고살기 어려웠던 어릴 때 친구들을 초대해 생일파티를 하면서 자기만 부엌으로 따로 불러 더 나은 음식을 먹여줬다는 엄마를 그 때는 이해할 수 없었다고 한다.

그래서 난 요즈음 '엄마가 뭐 길래' 에서 강주은에게 꼼짝 못 하는 최민수도 보고 '미운 우리새끼' 에서 다른 여자인데도 같은 엄마를 본다.

갈수록 아내의 지도조언이 점점 늘어나고 있다. 아마도 남편보다 늙은 아들 하나 만들려나보다. 자식이 커서 곁을 떠나면 허전한 마음을 메우려는 엄마의 본능이 방향을 바꾸는 것 같다.

곱게 늙고 편안하게 살려고 오늘도 잘 이해가 안 되지만 '알았어!' 를 연습하고 있다.

누가 알까?

한 달도 안 지난 얼마 전에 대단한(?) 교장이었고 잘 나가는 동호회 회장이었다는 것을….

애고 애고 다 쓸데없는 이야기인 것 같다.

내가 들쳐 내고 콕 찍어줘 봤자 그 본능이 어디 가겠는가!

오늘 만이라도 엄마에서 조금만 여자가 되었으면 하는 바람이다.

그래도 말을 듣고 싶다

사람 마음속을 잘 알 수 없어도 가까이서 오래 살다보면, 그 사람 속에 들어갔다 나온 것처럼 잘 알기도 하는 모양이다. 그래서일까 많은 사람들이 그런 사람을 측근이라 부르고 곁에 두고 자기의 일을 대신하게 한다.

내가 80년 1월에 결혼 했으니 아내와 벌써 38년째 함께 살고 있다. 인천에 오려고 6개월, 승진하기 위해 4년을 떨어져 산 햇수를 제하더라도 30년이 훌쩍 넘는다.

강산이 변한다는 10년을 3번이나 지났으니, 의식 없는 잠꼬대의 진실도 숨길 수 없다.

가끔 친구 중에는 내 친구인지 아내 친구인지 헷갈릴 때도 있고, 얼굴밖에 보지 않았는데 아내의 마음을 다른 사람에게 자신있게 전하기도 한다.

그래도 '사랑한다.' 는 말은 수시로 표현해야 하는 모양이다. 아내의 억지 같은 말에 가끔 홍역을 치른다. '한 번도 안했다.' 고 하니, 환장할 노릇이다. 듣고 싶을 때 안했지 안한 것은 아닌데 한 번도 안했다니, 사랑도 안하면서 결혼한 완전 도둑놈을 만들어 버린다.

참 어처구니없는 측근도 있다. 지가 알아서 했으면서도, 조금 불리해지면 시켜서 한 것처럼 말한다. 그래서 측근은 내가 잘 나갈 때만 잘한다고 하니, 힘들어지면 빨리 정리하는 것이 좋다. 잘 해주지도 못하면서 그들의 충성을 기대하는 것은 눈치 없는 욕심이 된다.

어제 괌에 가족여행차 왔다. 딸 없는 부모들이 부러워하겠지만, 딸 부부가 예약도 하고 비행기 안에서 입국 서류는 물론, 도착해서 차까지 렌트하였다. 비싸지 않느냐는 아내의 물음에 걱정 말라니 더 신경이 쓰인다. 그런데 말이다. 더 많이 사랑을 쏟고 지원을 해준 아들은 별 말이 없다. 동생이 앞장서서 부모를 모시니 조금 부담이 되기도 하고 고마운 것은 사실일 것이다.

그래도 그렇지. '고맙다.' 라는 말 한 마디 안하고 보내니 딸 표정이 심상치 않은 것 같다.

말 안 해도 알지만, 그 말을 듣고 싶은 것이 사람들의 욕심인 것을 아들이 알아주었으면 좋겠다.

날씨가 참 좋다. 오늘도 바쁘게 움직여야 한다고 한다. 딸은 잘 낳았고 일찍 시집보낸 것도 잘 한 것 같다.

자식은 다 예쁘다

강추위를 피해 괌에 온 가족 여행이 오늘이 끝이다.

괌은 깨끗한 세부이며 조금 가깝고 저렴한 하와이라고 한다. 그래서일까 배가 볼록한 태교 여행자, 어린 자식을 거느린 출산 위로 부부, 가슴 엉덩이 배가 버거워 보이는 현지인들이 넘쳐나는 곳이다.

아무리 딸이 잘 해도 가장 재미있는 여행은 친구와 함께 한 여행이란다. 내가 낳은 자식이어도 눈치가 보이고 신경이 쓰이는 것은 어쩔 수 없다. 하물며 아들 며느리와 하는 여행은 여행비를 모두 부담한다고 해도 꿈도 꾸지 말아야 한다.

좋아진 세상에 독수리와 부엉이가 한동네에 살았다. 그 동네는 우리가 사는 곳보다 조금 못했던지 초등학교에 다니는 자식들에게 점심을 가져다준다.

갑자기 일이 생긴 부엉이 엄마가 독수리 엄마에게 부탁을 했다. 잘 생기고 똑똑하며 멋있는 자기 아들에게 점심을 전해 주라고.

그런데 세상에 이런 일이! 멀쩡한 자기 아들이 다 죽어가는 모습으로 집에 돌아왔다. 점심을 굶어서란다.

보이는 것도 섣불리 믿어서는 안 된다. 똑똑하다고 믿었던 독수리 엄마에게 따졌더니, 그런 애는 없었단다. 어처구니가 없어 부엉이 새끼를 보여주었더니, 입을 쩍 벌리고 말을 잃더란다.

아무리 봐도 그 엄마가 말한 그 아들은 아니었다. 그렇다고 콩깍지 뒤집어서 진실을 증명하는 것은 인륜을 부정하는 벼락 맞을 일이다.

부엉이만 그럴까!

'닭 모가지를 비틀어도 새벽은 온다.' 라고 명언을 남긴 민주화의 선두주자 김영삼 대통령도 아들 현철이 소통령으로 권력을 농단하게 방치하였다. 그것은 '자식은 다 예쁘다.' 라는 사실을 비껴가지 못한 증거이다.

또 있다. 현직에 있을 때 문제만 터지면 단골로 출연하는 사고뭉치 그 녀석 어머니는 늘 입에 달고 사는 멘트가 있다.

'친구를 잘못 만나 내 아들이 나쁜 길로 빠졌다.' 이다. 나쁜 길로 빠진 것은 맞다. 그런데 그 원인은 친구가 아니라 그 어머니 아들 때문이라는 게 관계된 선생님들의 공통된 의견이었다.

그래도 어느 한사람 진실을 말하지 못했다. 섣불리 입 벙긋했다간 애꿎은 피해자가 더 힘들어지고 학교가 난장판이 되는 것을 알기 때문이다. 다행히 내가 교감 근무할 때는 오토바이 사고로 장기 입원한 상태라 잘난 내 능력(?)을 검증할 기회는 없었다.

누가 뭐라 해도 그 엄마 자식 사랑은 따라가지 못한다. 다만 먼 앞날을 내다보지 못한 것이 안타까울 뿐이다.

들리는 풍문에 그 녀석은 결국 고등학교도 졸업 못하고 사회인이 되었다고 한다.

혹시나 입장 곤란한 상황에서 만나 알은체라도 할까봐 소심한 걱정을 몇 번 했었다.

그 엄마는 지금도 '내 자식은 다 예쁘다.' 라고 말하고 있을까?

자전거 타고 세상가기

2인용 자전거를 타려면 가장 중요한 것이 좌우 균형이다. 균형은 주로 손으로 잡은 핸들을 이용하는데 여기에 묘미가 있다. 넘어지려는 방향으로 핸들을 돌려야하는데 서투른 사람은 반대 쪽으로 핸들을 돌린다. 또 중요한 것이 페달을 발로 밟아 앞으로 가는 것이다. 자전거 바퀴는 두개가 있지만 실제로 힘을 내는 바퀴는 뒷바퀴다. 앞바퀴는 균형을 잡거나 방향을 결정하는 일을 한다.

가정도 2인용 자전거와 비슷하다. 아내가 뒤에서 궂은일을 하며 내조하고 남편에게 힘을 실어주면, 앞에선 남편은 마주 오는 바람을 막아주며 달려갈 방향으로 핸들을 돌린다. 힘을 내는 페달은 함께 돌리는 것이 좋다.

그렇다고 꼭 남편이 핸들을 잡아야 하는 것은 아니다. 누구라도 관계없다. 단지 역할을 분담하는 것이 거친 세상을 이겨내기 쉽다. 때론 혼자일 때도 있고 대책 없이 어린 자식의 손에 핸들을 맡길 때는 자전거 인생이 만만치 않다.

금수저 물고 태어난 자전거는 가볍고 튼튼하다. 그래서 적은 힘으로 잘 달린다. 그러나 그 자전거가 항상 앞서서 가는 것은 아니다. 머나먼 인생을 달려가려면 힘든 오르막도 있고 속도를 제어하기 힘든 내리막도 있다. 젊은이는 힘은 있지만 지구력이 부족하고 방향을 잘못 정하면 가던 길도 돌아와야 한다.

나는 한강 둔치에 가서 2인용 자전거를 가끔 탄다. 자전거를 못타는 아내도 내 뒷자리에 앉아 함께 페달을 돌리며 신나게 강바람을 뚫고 달리면 뜻대로 안 되는 자식이나 힘든 세상일을 잊어버린다. 처음에는 앞에 있는 남편이 못 미더워 자기가 균형을 잡으려고 몸을 비틀다 넘어지기도 했다. 그러나 이제는 넘어질 수도 있는데 천하태평이다. 곧잘 두 손 두 발 다 놓고 달리기도 하니 내가 더 긴장을 한다.

둘이 타던 자전거에 자식까지 태워 달리느라 많이 힘들었다. 이제 다시 둘이 자전거를 타고 보니 나이가 들었는지 속도도 느리고, 옆자리가 허전하여 두 사람이 별로 말이 없다.

손자라도 태워줄려면 더 열심히 다리 근력을 길러야겠다.

염색한 이유

세월이 지나도 나이로만 늙어가는 사람이 있다.

얼굴이 동안이거나 관리에 시간과 노력을 많이 투자한 사람이다. 부럽기도 하지만 엄밀히 말하면 자연의 순리를 거역한 셈이 된다.

어쨌든 나도 염색을 한다. 나보다 어리지만 강모장관은 하얀 머리에 팽팽한 피부로 보기에도 무언가 있을 것 같고, 은은하게 풍겨오는 세월의 흔적이 아름답게 보인다. 하지만 내가 그를 따라하지 않는 이유는 예쁜 후배들에게 오빠라 불리고 싶어서는 아니다.

혼란한 세상을 살아갈 때 누군가 그 이름만으로도 맺힌 것을 풀어주고, 쓰러져 일어날 힘이 없을 때 손잡아 줄 수 있는 어른이 있기를 바란다.

그런데 우리는 너무 많은 것을 잃었다. 모두가 존경했던 분들은 이미 세상에 없고, 나를 믿어달라고 큰소리 하는 분들의 뒷모습은 너무나 실망스럽다. 나도 어느새 이름과 손을 내밀어야 하는 나이가 되었다.

그러나 지금껏 살아온 내 삶의 궤적이 아직 너무 부족하고 부끄럽다. 언젠가 겉모습이 아닌 내면이 충실한 당당한 어른이란 자신이 설 때에, 염색하지 않는 백발의 아름다움을 선보이고 싶다.

염색하면 불편할 때도 있다. 천성적으로 머리숱이 많고 시꺼먼 탓에 대여섯 살 아래로 보이는 친구 심모 녀석이 아무 곳에서나 맞먹은 탓에 게나 고동이나 친구하려고 든다.

또 미용실에 가면 물어보지도 않고, 바리깡으로 뒷머리를 쳐 올리려고 하니 잠깐 졸다가는 완전 막 전역한 단풍하사 몰골이 되기 십상이다.

기왕에 염색한 김에 화장도 한다.

검버섯 제거 한다는 이유로 멀쩡한 얼굴을 레이저로 지져대지는 않았지만, 그래도 검은 피부를 싫어하는 마나님 때문에 골프라도 치는 날은 선크림을 하얗게 쳐 발라 완전 낮도깨비 상판으로 버디를 노래한다. 이래저래 헷갈리는 모르는 사람이 된다.

더구나 개인정보 보호라는 친절한 인권 덕분에 익명의 그늘은 넓어져 부끄럼도 사라지고 뻔뻔함만 극성을 부린다. 하찮은 염색 하나로 유예한 어른의 참모습을 어서 빨리 되돌려야겠다.

아침에 먹은 밥이 소화되지 않고 더부룩하다.

오래 살려면 자연의 법칙대로 늙어가고 더 익어가야 할 것 같다.

능력과 성격

누군가는 말한다.

'남자는 명함으로 살고, 여자는 화장으로 산다.' 고

사람이 가정을 이루고 살았던 농경시대부터, 남자는 외부 적으로부터 가족을 지키고 또 식생활을 책임져야 하는 의무가 있다고 믿고 살았다.

그래서 일까? 잘 나가던 사업이 경제가 어려워져 실패한 사장들이 노숙자가 된 모습을 자주 본다. 가족이 없는 것도 아니지만 더 이상 가족을 돌볼 수 있는 능력이 없으면 남자는 그 자리에 존재할 수 없게 된다.

그래서 남자는 능력의 상징인 명함을 중요시 한다. 어디 돈 벌어서 자기 혼자 잘 먹고 잘 살기 위함이던가!

하기야 잘 나가던 때는 이 꽃 저 꽃 방랑을 하다가 늙고 병들어 집으로 기어들어 오는 빙신도 있으니, 그런 사람은 남자로 취급하지도 않는다.

흔히 하는 질문 한 번 해보자. 안과 밖이 다를 수 있지만 조금 진지하게 선택해보자.

성깔은 있으나 능력 있는 남자, 성격은 좋으나 능력 없는 남자.

예쁘나 사치하는 여자, 못생겼으나 살림 잘하는 여자.

선택하기 참 난감하다. 그러나 세상은 항상 그렇다. 한 가지 좋으면 또 다른 것이 안 좋다.

그래서 우리는 완벽한 것이 아니라, 살만한 선택을 하며 산다. 잘한 결혼은 없단다. 잘되고 있는 결혼은 있어도.

내가 잘 나갈 때는 마음에 여유가 있어 다른 사람의 잘못을 조금 용납할 수 있었다. 그런데 내 코가 석자이면 모두가 나를 괴롭히는 것 같고 보이는 족족 지적하고 화를 낸다.

급하게 화를 내거나 다툼을 일으키는 사람은 미련하고, 남의 허물을 들추어내는 사람은 이간질을 하는 사람이란다. 그런데 은퇴를 하고나니 조금씩 성격이 변한다. 평온한 듯 무심하다가도 아무것도 아닌 사소한 것에 벌컥 화를 낸다. 지켜본 사람이야 아무것도 아니라지만 당사자는 맺히고 서운한 것이 있었던 모양이다.

어쨌든 남자의 능력은 남자의 성격까지 변화시키는 것이 사실이다. 여자가 화장이 잘 받는 날은 온 집안이 즐겁다는 것도 기억해 둘 일이다.

요즈음 나는 능력이 있는 걸까? 없는 걸까?

'동상이몽' 벗어나기

한자리에서 같이 자면서도 서로 다른 꿈을 꾼다는 '동상이몽'은 겉으로는 같이 행동하면서 속으로는 각기 딴 생각을 하는 것을 비유적으로 이르는 말이다.

한자리에서 자거나 밥 먹는 관계는 보통 친밀한 사이가 아니다. 형제자매, 부부, 노동자와 사용자, 이념으로 뭉쳐진 정당인, 친구 등 찾으려고 하면 수없이 많이 있을 것이다.

1980년에 결혼해서 올해가 2018년이니 벌써 39년을 함께 산 사람이 있다. 그런데도 가끔 소통에 단절을 느낄 때가 많다.

없는 사람 뒷감당하려고 아끼고 한 푼이라도 더 벌겠다는 버릇이 습관이 되어 이제는 먹고 살만 해졌는데도 아직도 돈에 목매고 있는 모습을 볼 때마다 내 심기가 상당히 불편하다.

아내 친구가 10년 전에 청담동 달동네 아파트를 4억에 샀었는데 재개발 소식에 10억이 되었단다. 동탄 제2신도시는 8.2 조치로 거래가 전혀 없고 값이 많이 하락했단다.

앞의 정보는 아내 것이고, 뒤의 것은 내 것이다. 배울 만큼 배웠고 상담교사 자격증도 둘 다 가졌지만, 생각이 다르니 들리는 소식도 한참 다르다.

동상이몽이 나이가 들면서 더 심각해진 것 같다. 나름대로 살면서 검증되고 확신한 사례가 고집이 되고 편견이 된다는 것을 머리로는 알지만 가슴에는 들어갈 자리가 없는 나는 바보인 것 같다.

심각한 것은 나만의 문제만 아니다. 기업의 핵심을 담당하는 경영자와 노동자도 서로 동상이몽을 하며 제각기 다른 집착에 빠져 삶터가 망해가도 제 고집만 주장하는 것을 자주 본다.

국민을 위한다는 정치가나 정당들도 국민들은 다 아는데 자기들은 정말 모르는지 뻔한 거짓말을 일삼고 있다.

어처구니없는 동상이몽도 있다. 결혼 전에 약속한 공약을 회갑이 지난 지금까지 수시로 리바이벌하며 이행을 강요하는 아내의 꿈을 달래기는 힘들다. 마음이 변한 것이 아니라 몸과 형편이 옛날 같지 않음을 모른 것 같다.

그래도 나는 행복하다. 내 친구는 누워도 잠이 안 오고, 옆 사람 코고는 소리에도 잠이 깬다는데, 나는 어디서나 눈만 감으면 잠을 잔다.

그래서 맘먹고 운동해도 살이 빠지지 않는다. 나이 들면 조금 배가 나온 것이 보기 좋다고 하니, 꿈이 다르더라도 신경 쓰지 않고 아무 생각 안하고 그냥 자고 오래 살려고 한다.

묵은 상처 치료하기

2009년 12월 말쯤 되었을 것 같다.

중등임용고사 결과 발표가 나지도 않았는데 집안이 온통 살얼음판이다. 시험을 잘 봤냐고 묻지도 못한다. 부모 속은 부글거려도 딸의 눈치만 보고 있다. 하기야 4대 고시에 중등임용고사가 들어간다는 말이 있듯이 벌써 세 번째 시험을 보았으니 걱정과 스트레스가 한계에 오는 것은 어쩔 수 없다.

그래도 그렇지.

편지 한 장 달랑 써놓고 집을 나가버린 딸을 도대체 이해할 수 없다. 고생이야 당사자인 자기가 가장 힘들겠지만. 지켜보는 부모의 마음도 조금은 헤아려야 되는 것이 아닌가? 아무리 배울 만큼 배웠다지만 자기가 부모가 되어보지 않고 그 마음을 어찌 알 수 있으랴. 머리로는 이해한다지만 가슴이 도저히 용납하지 않는다.

자다가 일어나 딸의 방문을 몇 번 열어보고, 남겨 놓은 편지를 울면서 수없이 읽고 또 읽었다. '공부 못한다. 의지가 부족하다.' 고 가족들이 병신취급을 해서 가슴이 답답해서 집에 있을 수 없다는 것이다. 부모도 할 말은 많다.

노량진 고시학원, 도서관이 집에서 멀지 않는데 집중이 안 된다고 하여 원룸 고시텔도 얻어주었다. 더구나 화장실 있는 여자전용 숙소는 더 비싼데 그것까지도 원하는 대로 해주었다.

너무나 가슴이 아파서 보낼 수도 없는 편지를 장장 4장이나 썼다. 결혼할 때 주려고 했는데 줄 수가 없었다. 그 뒤로 엄마와 협상을 하여 사립 고등학교에서 기간제 교사를 5년이나 했다. 다행히 수학과라 들어갈 자리는 조금 있었다. 사립고는 정교사가 부족해 기간제를 써도 재단 마음대로 뽑지 못한다. 시교육청에서 교사 정원을 관리하기 때문에 승인이 있어야 한다.

갈수록 태산이다.

자기는 이대로 살 수가 없으니 결혼을 하겠다고 선언을 했다. 사귀는 남자가 나이가 35 살이나 되고 외국에 파견을 나가야하니 어쩔 수 없다는 것이다. 어쩌랴. 자식도 나이 서른 살이 넘으면 부모가 마음대로 못한다. 오빠를 추월하여 결혼을 시켰다. 그리고도 1년을 함께 살다가 사위가 귀국하여 분가를 했다.

기도하고 노력한 덕분인지 올해 하나님의 넘치는 은혜를 받았다. 예상하지 않았던 수학 정교사 TO가 한자리 생겨 임용고사를 보았는데, 45명이나 지원을 해서 얼마나 애를 태웠는지 모른다.

1차 시험에 전공, 교육학, 인적성 필기시험으로 5명을 뽑고, 2차에 지도안 작성, 수업실기, 면접으로 3명을 뽑고, 3차로 이사장 면접으로 최종

1명을 뽑는다.

결혼을 하고 나면 마음이 달라지는 모양이다. 짧은 기간 준비하면서 하루에 두세 시간만 자고 공부했다고 한다. 기간제하면서 담임을 성실히 잘한 것도 도움이 되었다.

'믿는 자는 합력하여 선을 이룬다.' 는 성결구절을 좋아한다.

3월에 정교사가 되고나니 딸을 완전히 시집보낸 것 같다. 더구나 속으로 조금 서운했던 사위가 강남에 있는 'abb korea' 라고 더 좋은 회사로 옮기게 되었다.

딸네 부부는 지금 아주 행복하단다. 매주 금요일 저녁에 친정에 와서 손 하나 까딱 안하고 먹고 자고, 다음날엔 자동차 트렁크 가득 반찬, 생필품까지 엄마가 채워 보낸다.

방학 하자마자, 휴가 내고 지난 토요일부터 스페인 바로셀로나로 여행중이다. 시도 때도 없이 울리는 카톡 사진이 요란하다.

가슴에 묻어둔 상처를 이제는 꺼내놓고 바람도 쏘이고 햇볕에 말리고 나니, 말 못하는 아픔이 많이 나아진 느낌이 든다.

그래도 걱정은 있다.

속없는 딸은 애를 낳으면 아빠가 길러줘야 한다고 자꾸 압력을 보낸다. 절대 안한다고 선언을 했지만 잘 모르겠다. 외손자 얼굴이라도 자주 보려면 고생길이 아직 끝나지 않는 모양이다.

부모 노릇은 참 길고 힘들다.

불편한 신발

'빨리 가고 싶거나, 멀리 가려면 좋은 신발을 신어야한다'는 말이 있다. 그런데 모두가 선호하는 예쁜 신발이 좋은 신발이 아니라는 불편한 진실은 알면서도 모르는 체하며 지금까지 살아왔는데, 무지외반증이라는 병명으로 수술실에 누워 엄지발가락을 교정하는 고통을 참기 힘들어, 불편한 신발에 익숙하게 살아버린 지난날을 서러워하는 사람이 많다.

결혼하여 살다보니 친가보다 처가 쪽으로 비중이 점차 증대하여 쏠림을 느낄 때가 많다. 한두 번쯤 서운한 감정을 드러내거나 때로는 무모한 반역을 시도해 보기도 했지만, 부양의무를 다하기 위해 밤낮없이 삶의 전쟁터를 전전하기 위해, 살림이나 자녀교육을 아내에게 모두 맡기다가 빼앗겨버린 우리 가장들은 휴일에 집안에 있을 곳이란 TV 앞의 소파가 가장 편하다.

그래서일까 나이 들수록 처가일이면 크게 말뚝에 절도 하고, 없는 힘을 다하여 아내의 환심을 사기 위해 지극정성을 다하지만 끝없는 기대와 떠도는 특별한 경우의 사례까지 적용하려는 말릴 수 없는 아내의 사랑에 우리 경처가는 무척 힘들다.

얼마 전에 처형이 입원하여 수술을 했다는 놀라운 소식에 부랴부랴 병문안을 다녀왔다. 사연인즉 항상 단정하고 아름다운 모습을 유지하기 위해 신은 예쁜 신발 덕에 엄지발가락이 심하게 휘어 도저히 더 이상 걸을 수 없어 오른발가락을 교정 수술을 하였는데, 그 고통이 무지무지 심하고 치료도 오래 걸린다는 하소연을 지루할 정도로 들었다.

사람이 세상을 살면서 다른 사람을 의식하지 않고 살 수는 없다. 그런데 다른 사람은 나의 예쁜 신발만 본다. 사실 나에게 중요한 것은 내 발이 편하고 나의 몸을 지탱하기 위해 피로가 누적되지 않는 신발이어야 하는데, 주객이 전도되어 이제까지 살아온 바꿀 수 없는 나의 습관을 수술하는 침대에 누워 실감하고 후회한단다.

어디 신발뿐이랴 벌레 한 마리에 기절하는 그토록 조신한 우리네 여인들이 죽음을 넘나든다는 양악 수술을 감행하고, 남자들이 온힘을 다하여 집어넣은 쓰레기봉투에 코끼리까지 추가하는 알뜰함으로 아낀 돈을 한 번으로 끝나지 않는 보톡스를 시작하고, 모든 에너지 다 짜내야 견딜 수 있다는 교직을 풍자하여 '선생님 변은 개도 먹지 않는다' 고 한다는데, 그런 여자선생님들이 아침까지 걸러 가면서 하는 화장의 진실은 남의 눈 때문이라는 사실은 학벌의 유무, 재산의 유무와 관계없는 숙명 같은 의식이 우리 모두를 구속하고 있다.

그래서 우리는 그토록 힘들다는 세상을 자신을 위해 다 살지 못하고, 남의 눈의 노예가 되어 더 힘들게 살고 있는 것 같다.

다행히도 내가 관심 갖고 관찰한 결과에 따르면 낮고 발 편한 신발을 착용한 사람들이 점차 많아지고, 정장한 사람보다 캐주얼한 옷을 입은 사람이 늘어 가는 추세를 느낄 수 있어 때늦은 현명함이지만 가슴 한편에 따스함이 커져간다.

소통이 있는 식탁 차리기

특별히 무슨 일이 없으면 매주 금요일 저녁에 딸, 사위 부부가 집에 온다. 저녁 먹고 다음날 아침, 점심까지 먹고 간다. 내가 정한 규칙이 아니라 딸이 원하니 사위도 군말 없이 따르는 모양이다.

그래서 우리 부부는 금요일이면 바쁘다. 코스트코에 가서 한차 가득 쇼핑을 한다. 무거운 생수 0.5리터 30개짜리 2팩, 2리터 6개짜리 2팩은 기본이다. 빵, 치즈 케잌, 과일, 우유, 계란, 버섯, 야채, 생선까지 두 집 물건을 다 챙기다 보면 부피 못지않게 금액도 만만치 않다.

그러다보니 매달 금요일에 지출되는 카드내역에 깜짝 놀랄 때가 많다. 그러나 나는 아무 내색을 안 한다. 그것은 거동이 불편한 노후를 위한 보험이라고 생각하기 때문이다.

그래도 가끔 중간 정산도 하는 모양이다. 지난 추석 때는 비싸고 좋은 물건이 없다고 내가 좋아하는 병어 20마리 한 상자를 배달시키기도 하고, 괜찮다는 가스레인지를 새것으로 바꾸어 주었다.

식탁의 주 메뉴는 고기와 문어, 회, 해물탕, 잡채가 번갈아 가며 오른다. 다른 날은 몰라도 이 날만은 우리 부부가 진지한 대화를 많이 한다. 소통이 있는 식탁을 차리기 위해서다. 공통적으로 좋아하는 메뉴와 특별히 선호하는 반찬을 준비한다. 가끔 의견이 갈릴 때가 있는데, 아내의 요구대로 하면 너무 가지 수가 많아 잔치상이 되어버리기 때문이다. 몇 번은 반기를 들어보기도 했지만 지나고 나면 아내가 옳을 때가 많았다. 인정하기 싫지만 여자 말을 잘 들으면 좋다는 말이 사실인 것 같다. 아니 집안이 평안하다.

식성도 계절이나 그날 기분에 따라 달라진다. 잘 먹던 음식도 어쩔 때는 그대로 남기도 한다. 그래서 여러 가지를 준비하면 힘들어도 모두의 만족도가 높아지는 모양이다.

세상일도 마찬가지이다. 생각, 성향, 기호, 상황이 다양해서 아무리 중요하고 옳다고 해도 한 가지 방법으로 밀어붙이거나 요구해서는 한자리에 앉아서 소통을 하려고 해도 잘 안 된다.

조금 낭비가 있고, 다소 느릴지라도 만족이 높은 소통을 하려면 가지 수가 많아야 한다.

식탁은 차리는 사람이 책임을 진다. 잘 먹지 않는다고 타박해서는 안 된다. 잘 먹을 수 있도록 소통하고 열과 성의를 다 해야 한다.

그래서 우리 딸은 와서 갈 때까지 먹고 쉬기만 하지 손가락 하나 까딱하지 않는다.

그래도 우리는 금요일을 기다리고 산다.

내 가족 서열

이번 주는 바쁜 일이 있어 못 온다는 딸네가 토요일 저녁에 왔다 갔다. 반찬은 무얼 할까 고민하더니 사위가 좋아하는 장조림을 한단다. 그래서 메추라기 알도 사다주고, 마늘도 까 주었더니 맛있는 냄새가 온 집안을 진동하며 잔치 분위기가 난다.

못 본 지 한주일 밖에 안 되었는데 무슨 할 말이 그리 많은지 물 한잔 달라고 몇 번을 말했는데도 감감 무소식이다. 가만히 가서 들어보니 별 중요한 이야기도 아니다. '이제 막 운전면허 따서 벌벌 떨며 학교에 차를 가지고 갔더니 온몸이 쑤시다. 벌써 날씨가 추우니 아침저녁으로 목에 스카프를 둘러야 한다.' 는 등 사소한 이야기들이다.

어쨌든 그들은 갔다. 그런데 아침밥을 먹으려고 식탁에 앉아보니 기대했던 장조림이 보이지 않는다. 맛 좀 보자고 가져 오라니, 없단다. 딸네에게 다 싸주었단다.

참 서운하다.

그런데도 '동치미' 마담들은 나이 들면 남자들이 아무것도 아닌 일에 잘 삐진다고 뒷담화를 자주 한다. 이게 아무 것도 아닌 일인가?

우리 집에서 내 서열이 어디쯤인지 다시 생각해 본다.

또 있다. 날이 좋아 오랜만에 손잡고 집 근처 공원에 산책을 나갔더니 사람들이 참 많다. 웃고 떠들고 자리까지 깔고 누워 있는 모습들이 평화롭고 보기 좋다. 그 중심엔 대부분 어린 자녀나 손자 손녀가 있다.

돌아보니 우리 부부의 손은 비어있다.

허전하다.

하지만 우리와 같은 사람도 많이 보인다. 단지 다른 것은 그들의 손에는 긴 줄을 잡고 있다.

부러워하는 내 눈에 들려오는 소리는 또 서운하다. 예쁘기는 하지만 멀쩡한 강아지에게 아빠, 엄마 말을 잘 들으라고 잔소리를 한다. 자식에게 밀리고, 손자의 뒤는 그래도 인정한다. 하지만 강아지에게까지 자리를 내 주어야 한다니 구박을 당하더라도 삐질 수밖에 없다.

그래도 어쩌랴!

법적 서열은 자식이 1촌이지만, 삶에서는 무촌인 부부보다 더 소중한 것이 사실이다. 부부는 헤어지면 남남이 되지만, 부모와 자식은 헤어질 수도, 끊을 수도 없는 하늘의 인연이다.

그래도 자식에겐 엄마가 아빠보다 더 유별난 존재인 모양이다. 보기에 일흔이 넘은 할아버지도 어머니를 말할 때는 눈물이 먼저 앞을 선다.

언제나 달려가면 안아주고, 어떤 어려움도 다 해결해주는 엄마는 자식에게는 절대적인 의지처가 된다. 그래서 엄마의 빈 자리가 허전하고 생각만 해도 죄송하여 눈물이 난다.

어려서는 간섭하고 잔소리 많은 엄마가 귀찮고 싫었다. 그래서 그 품을 벗어나려고 속도 많이 썩혔다. 그러나 내가 부모가 되고나니 부모의 마음이 이해가 된다. 나도 모르게 반항하고 불평했던 부모의 모습을 내 자식이 꼭 같이 행하고 있다.

그것까지도 닮은 것을 보니 틀림없이 그 녀석은 내 자식이다. 혹시라도 이런 마음을 자식이 안다면 내 서열이 조금 올라가지 않을까 기대해 본다.

다 필요 없다

참 어처구니없다.

나는 초저녁 잠이 많다. 그런데 어제 밤에 그런 나를 깨워서 발가락 마사지를 요구하기에 정말 힘들었지만 눈도 못 뜨고 양발 끝을 2번 반이나 주물렀다.

혈액 순환이 잘 안 되는지 아내는 조금만 부딪쳐도 시퍼렇게 멍이 잘 든다. 그래서 발끝이나 등을 안마해 주면 좋아한다.

가끔 내가 잘못을 했을 때도 이 방법이면 위기를 무사히 넘길 수 있다.

그래도 그렇지 한참 잠을 잘 자다가 불쑥 한 마디 한다. '다 필요 없다.' 깜짝 놀라 무슨 말인지 물었는데 아무 말이 없다. 아마도 잠꼬대인 모양이다. 그래도 안심이 안 된다. 무엇이 그렇게 서운했는지 알 수가 없다.

어제 있었던 일이라곤 내가 친구들과 저녁 식사하고 왔고, 아들이 당직이어서 퇴근을 안했다. 그래서 딸네 부부하고 25일부터 괌으로 여행가는 짐을 혼자 챙긴 것뿐이다.

성향도 바뀌는 모양이다. 드라마를 좋아하던 아내가 퇴임하고 나서는 부쩍 뉴스에 관심이 많아 jtbc를 애청한다.

조금 지나치다 싶게 박씨에 얽힌 최씨 모녀 이야기, 한 때 시퍼렇던 모모 기관장의 뇌물 추문이 한창이다. 이때가 되면 '권력 무상'을 강조하며 힘은 없었지만 남편 잘 만나 노후가 편하다고 이야기 자주 하곤 했다. 설마 그것 때문은 아니겠지!

친구들이 틈만 나면 보내는 카톡에 늙으면 뭐니 뭐니 해도 '머니'가 최고라고 강조하면서 손에 힘이 없더라도 자식들 눈물과 손자들 재롱에 넘어가지 말고 꼭 쥐고 있으라고 한다.

그런데 삼성 이모회장을 보면 그 많은 재산도 늙음이나 질병에는 어쩔 수 없는 것 같다.

'다 필요 없다.'

이른 새벽에 눈 침침하게 카톡에 174회나 글을 써서 올려도 아무런 답장도 없는 친구도, 창희형! 하고 살갑게 부르던 후배 녀석들이 내가 좋아하는 시원한 '복어 탕'을 자기들만 먹었단다.

그뿐인가 30만 원도 넘는다는 비싼 스포츠화 운동화를 아끼고 안 신다가, 모처럼 자랑삼아 신고 나갔다가 망신을 당했다. 한쪽 밑창이 떨어져서 멀쩡한 절름발이 신세가 되었기 때문이다.

자주 신지 않으면 삭아서 그런단다. 아낄 필요없다.

또 어떤 친구는 연금 받아 살면서 쓰고 남아 저축한다는데 쓸데없는 짓이다. 원래 연금은 남기면 안 된다고 한다.

소비를 해야 우리나라 경제도 돌아가고, 다 필요 없는 친구가 좀 필요 있는 녀석이 될 수도 있다.

어쨌든 오늘은 조금 근신 해야겠다. 취중진담이 있고 잠꼬대가 무의식에서 나온 진실이라고 하니 언제 불똥이 떨어질지 모른다.

다행히 괌 여행은 딸 부부가 모든 것을 잘 준비하고 있으니, 쇼핑 천국이라는 그곳에서 조금 비싸더라도 선물 하나는 사 주는 것이 두려운 잠꼬대를 바꿀 수 있는 신의 한 수가 될 수 있을 것 같다.

3

세상을 바라보기

끝나지 않는 변명

인간이 만들어낸 것 중에서 가장 훌륭한 것이 선거라는 말이 있다. 누구도 완벽할 수 없는 약점을 가진 인간이기에 많은 사람이 찬성하는 의견, 다수결로 결정하는 것은 신의 뜻으로 결정되는 제비뽑기와는 또 다른 합리성을 갖고 있다. 그래서 법의 전문가인 단독판사의 심판보다 합의제 판결을 더 수긍하고, 마지막 정의가 살아있다는 운동경기에서까지 중요한 결정은 협의를 거친다.

그런데 우리는 땅에 발붙이고 머리를 하늘로 향하고 있는 까닭에 오늘도 분노하고 주먹을 불끈 쥐며 내 탓이 아닌 남의 탓을 참을 수 없어 힘들어하고 있다.

모두가 용납할 만한 대안도 없으면서 우리 스스로 정한 룰에 의한 선거나, 재판, 경기 등에서 내 선택과 다른 결과를 받아들이기는 무척 힘들다.

그래서 우리는 변명을 한다. 선택하는 국민의 수준을 폄하하기도 하고, 제도의 잘못을 성토도 하며, 나만이 믿고 있는 증명할 수 없는 진실에 대해 가슴을 친다. 하지만 언제 우리가 반대편에 선 사람들의 이야기를 가슴을 열고 들어본 적이 있는가? 내가 이기기 위해서 상대편의 이야기를 들어 준 것이지 그 이야기를 듣고 내 잘못을 인정하여 손해되는 결정을 할 마음은 처음부터 없는 것이 사실이지 않는가?

근래에 발생한 지하철 충돌의 기관사, 오심 판정으로 벌금과 명예까지 상처 입은 야구 심판, 수십 년의 억울한 옥살이를 겪은 후에 뒤집어진 판결의 희생자 등 수없이 많은 사람들의 변명이 이어지고 있고 또 계속 될 것이다. 왜냐하면 아직까지 밝혀지지 않는 진실이 남아 있을 수 있고, 지금은 이해될 수 없는 변명들이 존재하기 때문이다.

우리는 좀 더 객관적이고 공정한 심판을 원한다. 아니 내가 손해보지 않고 유리한 결정을 바라는지도 모른다. 그래서 이런 말도 있다. 우리나라 모든 국민이 기도하고 소망하는 제목이 이루지면 어떻게 될까요? 라는 질문에 정답은 아이러니하게도 모든 국민이 행복해지는 것이 아니라, "모두가 망한다."라고 한다.

모든 나라가 추구하는 선진국은 단지 국민 소득이 높은 것에 있지 않다. 정해진 룰이 비교적 합리적이고, 그를 지키려는 국민의 자발적 의지가 높고, 자신의 이익을 다른 사람을 위해 양보하고 희생하려는 사회적 분위기가 정착되어야 한다.

그러한 점에서 본다면 나는 아직 선진국민이 되기에는 많이 부족한 것 같다. 말과 달리 희생정신이 덜 성숙되어 있고 남의 변명에 귀 기울이지 않으며 모든 책임이 너에게 있다는 원망을 버릴 수 없으니 말이다.

우리의 'Me Too'

'me too'란 '나도 그렇다.'의 뜻을 가진 영어이다. 그런데 요즈음 이 말이 언론이나 정치권에 뜨거운 감자가 되고 있다.

처음 시작은 미국 할리우드의 유명 영화제작자 하비웨인스타인의 성추문 사건 이후 영화배우 알리사 밀라노가 2017년 10월 15일 처음 제안하면서 시작됐다.

SNS에 성범죄 피해 사실을 밝히며 알리면, 성범죄를 당한 모든 여성이 '나도 피해자다(Me Too).'라며 글을 쓴다.

성관련 피해도 힘에 의한 갑질에 속한다. 원초적 물리적인 힘이든, 돈, 권력, 제도이든 저항하기 어렵고 또 그 사실을 폭로하기 힘든 상황은 언제나 존재한다.

그러나 세상은 좋아지고 있다. 억울했던 사실이 공개되고 당연시되는 힘이 그 대가를 치루고 있다. 성의 문제는 참 중요하고 민감하다. 핵심은 성 선택의 자기 결정권 보호이다. 물론 그 결과는 본인이 책임져야 하는 것이지만.

그래서 'me too'가 있고 또 그들을 보호해야 하는 것이다.

또 다른 'me too'도 있다.

일용 엄마, 김수미의 이야기다. 영어를 잘하는 자랑스런 딸하고 해외여행을 갔더란다. 호텔에서 객실 청소하는 사람에게 '굿모닝 마담!' 하고 말을 했더니, 딸이 발음이 나쁘니 창피하다고 영어로 말하지 말라고 했단다.

또 돌아오는 비행기 안에서 출입국 신고서를 쓰는데 눈이 잘 안 보여서 몇 번 물어보았더니 '엄마, 대학 나온 것 맞아?' 했단다.

너무 속이 상해서 승무원을 불러서, 딸하고 옆자리에 앉기 싫다고 좌석을 바꿔달라고 했다. 그래도 화가 안 풀려 내리기만 하면 빰을 한대 쳐버리려다, 혼자 택시 타고 집에 왔단다.

나만 그럴 것이라는 부끄러운 고백에 많은 사람이 'me too'를 외친다. 딸도 할 말은 있었다. 자꾸 오버하는 엄마가 부담스러웠고 아무리 그래도 자리까지 바꾸는 엄마를 이해할 수 없어 화가 났단다.

그래도 'me too'는 필요하다. 꼭 누구를 부끄럽게 하거나 처벌하기 위해서가 아니다. 서로 위로 받고 앞으로 더 잘 살아갈 방법을 찾아가기 위함이다.

숨겨 놓은 상처는 병이 되고 치료가 되지 않는다. 힘들고 아프지만 말을 함으로써 서로 다른 관점을 알게 되고 조금은 이해할 수 있는 계기가 되는 것이다.

그래도 나는 힘들다. 나를 닮은 딸의 쿨한 모습 때문에!

알면서도 번번이 솟구치는 서운한 감정은 부딪치고 닳아지는 더 많은 세월을 견디어야 한다.

그래도 우리는 가족이다.

비록 서로에게 참지 못하고 화를 내지만 포기할 수 없는 사랑이 그 속에 있기 때문이다.

안전과 완벽

전국적으로 실시되는 매우 민감한 수능이 포항 5.4 지진 파문으로 1주일 연기되었다.

12년 공부를 하루에 평가하는 수능은 1994년에 암기위주의 학력평가로 시작하여 지금은 대학수학능력을 평가하여 대학 진학의 가장 중요한 기준이 되고 있다.

나는 예비고사 세대다. 그것도 두 번이나 보았다. 1969년부터 1980년까지 시행된 예비고사는 대학입학 자격을 부여하는 성격을 가지고 있었다. 그래서 예비고사를 합격하고 또 본고사를 치루어야 했다. 공고를 졸업했으면서도 두 번이나 합격한 것이 대단하다는 주위 사람들의 칭찬이 있었던 것 같다.

우리는 능력 있는 대통령을 몇 분 선출했지만 누구도 해결하지 못한 것이 있다. 그것은 대학입시제도와 부동산 정책이다.

먹고 사는 문제와 자식에 관련된 것은 지식의 많고 적음이나 세상의 체면을 초월한다. 그래서 어떤 정책을 시행하더라도 그늘지고 억울하게 느끼는 사람이 생길 수밖에 없다.

모두가 만족하는 법이나 정책은 없다. 아무리 다수결을 기본으로 하는 민주주의일지라도 그것만으로 해결되지 않는다.

그래서 수능을 보는 날은 수험생이나 학부모가 아닐지라도 지켜보는 사람도 늘 불안하고 조마조마하다. 이날은 공무원의 출근 시간까지 늦추고 듣기평가를 하는 시간에는 비행기 이착륙까지 제한한다. 그런데 오늘 사상초유의 수능을 연기하는 사태가 발생했다. 더구나 일본과는 달리 우리나라가 지진에 안전하다고 생각했는데 꼭 뒷통수라도 맞은 느낌이 든다.

우리가 사는 세상은 안전한 곳이나 완벽한 것은 없다. 누구에게나 어느 곳에서도 상상도 못한 일이 생길 수 있다. 조금 더 겸손하게 최선을 다하며 사후에 어떻게 대응하느냐가 중요하다.

그런 점에서 수능 연기는 발 빠르고 현명한 대처였다고 생각한다.

너무 남의 눈에 티만 찾지 말고 포용하고 앞으로 나갔으면 좋겠다.

철없는 애들은 오늘 하루 논다고 좋아한다.

오늘의 이익에 너무 집착하면 내일의 안전을 지키기 어렵다. 화재나 지진, 원전, 전쟁, 테러 등 우리의 안전을 위협하는 것은 수없이 많다. 시간이 걸리더라도 점검하고 확인해보자. 다시 한 번 주방의 가스벨브를 확인해야겠다.

아직은 아니다

세계적인 석유 매장량을 가진 베네수엘라가 경제 파탄으로 국가 파산이 목전에 있다고 한다.

늘 문제를 분석할 때 자기 입맛대로 자료를 활용하는 탓에 우리는 나 아닌 다른 사람에게 책임이 있는 줄만 안다. 직접적인 이유야 흥청망청 쓸 수 있는 고유가 세월이 끝나고 유가가 폭락했기 때문이다. 땅만 파면 돈이 나온다는 안이한 생각과 남는 돈 나누어 쓰고 보자는 무차별 복지 정책 등 부패한 지도자와 무능한 국민이 합작한 불행의 결과이다.

위기에 처한 국가가 지도자를 갈아치우고 눈앞의 문제를 땜질 한다고 다 해결되지 않는다. 우리가 무책임하게 누렸던 세월만큼 인고의 시간을 견디어야 하고 국민 모두가 뼈저린 반성을 거쳐 함께 힘을 모아야 가능하다. 우리도 IMF 아픈 기억이 있다. 베네수엘라의 경제파탄이 남의 일이 아니다. 더구나 우리는 그들의 축복받은 석유 같은 자원도 없다. 우리가 가진 것은 부지런함과 하려고만 하면 국민이 하나가 되는 응집력이

전부다.

그렇다고 '대한민국 짝짝짝!', '촛불' 같은 열기가 마냥 좋은 것만은 아니다. 위기를 극복하기 위해서는 꼭 필요하지만, 너무 감정에 치우치거나 또 다른 목소리를 거부할 수도 있기 때문이다. 국민은 항상 어느 편도 아니다. 우리를 좀 더 안전하고 잘 살게 해주는 쪽에 표를 주고, 그들을 지지한다. 오늘은 이쪽에 섰지만 기대에 못 미치면 언제나 냉정하게 돌아선다. 그래서 지도자는 오만하지 말고 늘 깨어있어야 한다.

다행인지 불행인지 모르지만 지금 보수에는 쓸 만한 사람이 거의 보이지 않는다. 너무 상대를 견제하지 말고 초심대로 갔으면 좋겠다.

명절에 고속도로 통행료 면제나, 미세먼지 많은 날 대중교통 무료, 교복 무상 지급, 반값 등록금 등은 많이 현명해 보이지 않는다. 65세 이상 노인들이 무료로 이용하던 무상 교통 제도도 적자가 누적되어 나이를 상향한다는 소식도 들린다.

우리는 한 끼 잘 먹고 한 끼 굶는 것보다 내일이 오늘보다 조금씩 좋아지기를 원한다. 오늘 문제만 해결하려는 노력은 더 높은 곳에 다다를 수 없다. 낮은 시선은 일시적이고 작은 결과를 낳는다. 날고자하면 날 것이고 머물고자하면 머문다고 한다.

측근을 보면 지도자가 보이고, 친구를 보면 그 사람을 안다. '세상인심 참 야박하다.' 라는 말은 하지 말자. 아직은 박수칠 때가 아니다.

'돈' 에 관하여

인간의 삶에서 가장 중요한 것이 무엇인가? 라는 질문에는 대답하는 사람의 처지나 가치관에 따라 각양각색의 답이 나올 수 있겠지만 땅을 밟고 사는 현실적인 인간의 속성상 물질에 대한 비중은 어느 것보다 높게 나타날 것이다.

이 물질을 대표하는 '돈' 이라는 존재는 생긴 모양부터 대부분 동그란 형태를 갖추고 있어 한 곳에 머물거나 오랫동안 소유하기 어려운 특성을 지니고 있다. 태어날 때는 주인을 위해 봉사하고 손발이 되어 궂은일을 도맡아 했건만 어느 틈에 분수도 모르고 주인 행세를 하면서부터 우리 인생을 지배하고 울고 웃기는 놀이에 즐거움을 누리고 있는 것 같다. 정신적 가치를 소중히 하는 사람들이야 그들의 검은 지배를 코웃음으로 거부할 수 있지만, 아니 초연한 것 같지만, 끊임없는 시달림에 고초를 겪는 것을 보면 피해서는 안 될 것이며 알고 극복해야할 숙명적인 과제라 생각한다.

한 나라의 부를 '돈' 으로 표시한다면 가장 최적의 돈의 양이 존재하게 된다. 국민의 수에 의한 산술적인 평균으로 돈을 소유한다면 나라가 발전하고 모든 국민이 행복할 것이라는 가정은 하지 않는 것이 좋다. 욕심이 다르고 필요가 같지 않기 때문에 시기나 상황에 따라 돈을 소유하는 양도 달라져야 한다.

초등학생은 학용품을 사고 군것질을 할 수 있는 몇 천원 단위의 돈이 필요하다면 대학생은 데이트를 하거나 전문서적을 사야할 몇 만원 단위의 돈이 필요하게 된다. 또 국가적인 측면에서도 항상 누구나 똑같이 돈을 나눈다면 힘들여 일하거나 아껴서 절약하는 사람이 없어 국가적인 발전이나 살기 좋은 사회를 유지하기 어렵게 될 것이다. 그 좋은 예가 무너진 공산주의 국가에서 찾아 볼 수 있다.

어느 한 사람이 '돈' 을 지나치게 많이 소유하게 된다면 많은 사람이 필요한 '돈' 을 갖지 못해 절망에 빠지고 불행해지게 된다. 그러한 면에서만 본다면 자기가 필요한 이상의 돈을 벌기 위해 노력하는 것은 다른 사람에게 피해를 준다고도 할 수 있다.

'부자가 천국에 가기가 바늘구멍에 들어가는 것보다 어렵다.' 라는 말이 있고 '부자는 하나님이 주신다.' 는 말도 있다. 부자를 보는 정반대 입장의 말 같지만 깊은 속을 살펴보면 '참다운 부자' 가 지녀야할 태도를 나타내는 공통점을 갖고 있다. 필요한 만큼씩 돈을 가져야 행복하지만 재능이나 노력, 운으로 표현되는 시기 등의 차이로 인하여 모두가 행복해질 수는 없다.

그래서 부자로서 많은 돈을 소유하는 사람은 하나님의 뜻을 알고 실천해야 한다는 것이다. 부자가 가진 필요 이상의 돈은 돈이 필요해도 없어서 고통받는 사람들의 마음을 알고 돈을 나누어 가질 수 있는 품성과 사명을 가져야 부자로서 부자의 수명을 유지하게 된다는 것이다.

우리는 때때로 그가 가진 돈을 부러워하면서도 그의 인격을 욕하는 경우가 있다. 또한 부자가 3대를 가지 못하고 몰락하여 추해지는 '참다운 부자' 가 되지 못한 경우를 보아왔다. 이는 부자가 가져야할 조건을 밝혀주는 증거라 생각된다.

죽은 사람도 일으켜 세울 수 있다는 '돈!' 그러나 분수 이상의 돈을 소유해서 불행해지는 사람들을 보면서 내가 돈을 얼마만큼 소유할 수 있는 품성(능력)을 지녔는지 생각해 보아야겠다. 많은 돈을 벌어 부자가 되려고 하지 말고 많은 돈을 소유할 수 있는 품성을 닦아 '참다운 부자!' 로서 하나님이 주신 복을 세세토록 누리는 삶을 살아야겠다.

태풍을 기다리며

날씨가 참 무덥다.

폭염을 식혀준다는 비가 올 것이란 방송을 들었다. 그런데 요란한 천둥소리는 들었지만 나는 한줄기 찔끔 가랑비 밖에 보지 못했는데 어느 지역은 물난리가 났다고 한다.

정부에서 이렇게 비를 내렸다간 난리가 났을 것이다. 공약위반이나 지역형평성 등 문제로 연일 난타를 당했을 것 같다.

그래서 정치는 서로 하겠다고 줄을 서지만 모두가 만족하게 경영하기란 무척 어렵다. 오죽했으면 우리나라 국민이 소망하는 기도가 모두 이루어지면 '나라가 망한다.' 고 했을까!

이달 말 쯤 장마가 온다고 한다.

장마가 오면 반갑지 않는 태풍도 동반한다. 모든 것이 가능하다고 거들먹거리는 오만한 인간을 무력하게 하는 것 중의 하나가 태풍이다. 멀쩡한 집을 날리기도 하고, 눈물과 땀으로 일군 농작물이나 비닐하우스를 초토화시킨다.

우리의 삶에도 태풍은 온다. 젊어서 맞이한 태풍도 힘들지만, 추수가 임박한 가을에 몰아치는 태풍은 한 해의 농사를 송두리째 휩쓸어 버릴 때가 많다.

그러나 어쩌랴 피할 수 없는 태풍이라고 이름이나 명명하면서 내 삶을 정리할 수는 없지 않는가.

'교토 삼굴' 이란 말이 있다.

우리도 토끼처럼 연약하지만 영리하게, 현명하게, 3개의 굴, 3개의 피난처를 준비하여 두자.

아무리 믿음이 좋더라도 기도만 하고 있으면 안 된다. 신은 인간에게 끝없는 사랑뿐만 아니라 자유의지도 주셨다. 내가 해야 할 일은 내가 해야 한다. 비록 혼탁한 세상이지만, 비난과 한탄만 하는 것은 나를 이 땅에 보내신 신의 뜻을 잘못 이해한 것이라 생각한다.

태풍은 온다. 그렇다고 오는 태풍이 모두 부정적이지만은 않다. 바다를 뒤집어서 쌓인 오염물을 청소하고 죽어가는 생태계를 복원하기도 한다. 가끔 내가 사는 세상이나 나의 삶도 태풍이 필요할 때가 있다. 노아의 홍수도 피할 수 없는 태풍이었다.

행운은 준비된 자만이 잡을 수 있고 태풍이 몰아쳐도 현명한 자는 태풍의 은총을 입는다.

그래도 태풍은 온다. 힘들겠지만 태풍이 지나간 세상을 기대하며 견디어 보자.

끝없는 욕망 '힘'

힘이 없으면 슬프다.

아니 힘이 없으면 굴욕도 견디어 내야 한다.

논란이 된 사드도 북한의 핵 위협도 힘이 없어 당하는 현실이다. 뚜렷한 해결 방법도 없으면서 국민의 합의를 문제 삼아 못난 국민이 서로에게 주먹질이나 하고 있는 것이 슬프다. 힘없는 사람들은 뒤에서 그럴듯한 온갖 이유로 싸우고 힘 있는 미국이나 중국은 아전인수격인 억지 논리로 선택을 강요하고 있다.

인간은 본성적으로 힘을 추구한다.

열심히 공부하는 것도 힘인 학력을 쌓기 위함이다. 부지런히 일해서 돈을 버는 것도 재력이란 힘을 얻기 위해서다. 또 힘들게 운동하는 것도 체력이란 힘을 기르기 위해서다.

그래서일까 세상은 성공의 척도로 '힘을 얼마나 가졌느냐?' 로 보는 것 같다. 심지어 자신의 위치와 신분이 상승하여 권력이 생기고, 재력이 있어 부를 과시하며, 그럴듯한 복근이라도 자랑할 수 있어야 행복하다고 믿고 있는 듯하다.

이렇게 모두가 갈망하는 힘 때문에 우리가 사는 세상은 치열하고 개판이 되기도 한다. 그래도 만물의 영장이란 인간이라면 룰은 있어야 한다. 아니 우리도 엄연히 룰을 가지고 있다. 다만 지키지 않고 있는 것이다.

선수들이야 승리가 지상과제이니 룰을 무시할 때가 많다. 경기가 세상이 재미있으려면 심판이 잘해야 한다. 그런데 심판인 우리가 나 몰라라 하거나 자기도 지키지 않으면 세상은 물어볼 필요도 없다.

가끔 청문회나 선거, 정치를 비웃는 사람이 있다.

이해가 된다. 기대가 컸던 만큼 실망도 컸으니까. 우리가 사는 세상에 완벽한 사람은 없다. 지금 나와 함께 사는 사람도 털어보면 흠결이 많다. 때론 모르는 것이 약일 때도 있다. 좋아서 덮어주는 것이 아니라 내가 살기위해 넘어가 주는 것이다.

힘은 아무나 많이 가져서는 안 된다.

그 힘을 잘 사용할 사람에게 주어야한다. 그리고 분수를 지킬 줄 알아야 한다. 설령 높은 곳에서 연락이 올지라도 자신을 돌아보자. 한 때의 힘에 대한 욕심 때문에 애꿎은 자식이나 가족을 망신시키지 않는 것이 현명하다.

아! 나에게는 그런 연락이 오지도 않기 때문에 안방, 건넌방 사람들이 편안히 코 골며 오늘처럼 늦잠을 잘 수 있다.

풍선효과

세상이 뜻대로 되는 일이 얼마나 있을까?

심사숙고하고 계획한 일이 엉뚱하게 어긋나게 되면 참 난감하고 짜증이 난다.

그런 것 중의 하나가 '풍선효과'이다. 풍선의 한 곳을 누르면 그곳은 들어가는 반면 다른 곳이 팽창되는 것처럼 문제 하나가 해결되면 또 다른 문제가 생겨나는 현상을 말한다.

오래 전 일이다. 부평남교에 있을 때 회식을 하면 남자들에게 좋다는 옻닭을 자주 먹었다. 정말 효과가 있었는지는 몰라도 대형 사고를 쳤다.

온 몸이 가렵고 두드러기가 나 근무를 할 수가 없었다. 그것을 치료하고자 오랫동안 약을 먹었는데, 피부과 약이 얼마나 독한지 모른다. 그래서 또 위장약을 꽤 오랫동안 먹었던 쓰라린 기억 때문에 옻닭은 쳐다보지도 않는다.

정부의 정책도 마찬가지다. 특정 지역의 집값을 잡기 위해 규제를 강화하면 수요가 다른 지역으로 몰려 집값이 오르거나, 유치원, 어린이집 방과 후 영어교육을 금지하면 사교육 열풍이 우려된다.

목적이 아무리 좋아도 뜻대로 안 되는 경우가 많다. 만병통치약은 없다. 한 곳에 좋으면 다른 곳에 부담이 된다.

오죽했으면 농민을 위한다는 정부 정책에 반대로 해야 돈을 번다고 했을까!

규제하면 폭등하고, 권장하면 폭락했던 사실이 많았으니 농부들만 탓할 일도 아니다.

누군가 공부 안 해도 대학 갈 수 있다고 해서 믿은 놈만 바보가 되었다. 그래도 울어 본 사람이 웃을 줄 안다. 전해들은 말로는 머리로는 알지만 마음이 따라가지 못한다고 했다.

자식 교육이나 부부 생활도 '풍선효과'의 원리가 많이 적용된다. 지나친 열정이 돌이킬 수 없는 길로 빠지기도 한다.

들꽃이 꺾이지 않는다 해도 겨울까지 가지 못한다.

너무 작은 것이나 눈앞의 이익에 연연하지 말자. 오늘 울었으면 내일은 웃을 수도 있다.

우리 어리버리 회원 최 모씨는 13전 연패, 3시간 무승 기록 보유자이지만 요즈음은 잘 나간다. 그래서 어제 점심을 샀는데, 얻어먹는 우리보다 사는 사람 표정이 더 즐거워 보인다. 내가 좀 불편하더라도 그가 웃을 수 있다면 함께 사는 세상을 위해 조금 참을 필요가 있다. 그래도 그 시간이 길지는 않았으면 좋겠다.

전쟁보다 무서운 것

'목구멍이 포도청' 이란 말이 있다.

인권도 삶의 자유도 없었던 조선시대에는 왕과 권력을 가진 양반이란 소수의 계급만이 살만한 세상이었다. 대다수의 백성들은 하루하루 먹고 사는 것이 삶의 전부였다. 더구나 절대적으로 먹을거리가 부족한 시절이라 가족의 목에 음식이라도 넘기기 위해서는 힘든 노동은 물론 도둑질이라도 해야 했다. 그 무서운 포도청보다 목구멍을 더 무서워했다는 이야기다.

그러나 요즈음 가난은 많이 달라졌다. 단지 굶어 죽는 것보다 교육비, 집, 일자리, 이름 있는 옷, 신발, 핸드폰 등의 부족 즉 상대적인 가난을 중요시 하고 있다.

이번에 MBC가 국회의장실과 공동으로 실시한 특집 여론조사 결과 자신이 중산층이라는 응답이 65%, 빈곤층이라는 응답은 30%, 부유층이 2%에 불과했다. 중산층의 기준으로 부동산과 금융재산을 합쳐 10억이 넘어야 한다고 한다. 문정부에서 그렇게 붙잡으려 해도 잡히지 않는 아파트 가격 상승이 한 몫을 했다.

또 대한민국 국민으로 살아가면서 무엇이 가장 두렵습니까? 이렇게 물어봤더니, 가난 등 경제적 문제가 37%, 전쟁이 24%, 편견과 차별이 19%였다.

아무리 김정은이 핵으로 사고를 치고 트럼프가 전쟁을 협박해도 우리 국민들은 전쟁보다 경제적 어려움을 더 걱정하고 있다는 얘기다.

한반도에서 전쟁이 일어날 가능성에 대해서도 높다는 쪽이 39%, 낮다는 쪽이 54%였다.

'가난은 나라님도 어찌지 못한다.' 는 말처럼 정부에서 아무리 수많은 정책을 개발해도 해결할 수가 없다. 부는 한정되어 있기 때문에 소수가 부를 독점하면 다수가 부족할 수밖에 없다. 그렇다고 공산국가처럼 강제로 분배를 해도 또 불평등은 생긴다.

더구나 오늘날은 세계가 오픈되어 있기 때문에 우리나라만 잘 먹고 잘 살 수도 없다.

그래서 하는 말이다.

전쟁보다 무서운 가난을 이겨내기 위해서는 인간의 끝없는 욕심을 좀 붙잡아야 한다. 다른 사람과 비교하고 정당하지 않는 방법으로 권력이나 부를 획득하려는 추세가 스스로 만든 우리의 족쇄가 되고 있다. 심지어 교육까지도 행복이란 이름을 빌려 돈 버는 기술만 가르치고 있으니 교육자였던 나도 할 말이 없다.

똑똑한 사람

세상을 살다보면 가끔 똑똑하다는 사람이 더 힘들게 사는 경우가 있다.

보기보다는 실속도 없고, 부럽고 잘 나가던 시절은 너무 짧다고 한다. 올라가는 과정의 힘듦이야 그래도 목표가 있고 조금씩이라도 나아감의 희열이 있다. 그러나 허망하게 내려가는 길은 대부분 관심도 없이 잊혀지고 혼자이기 때문에 속 쓰림이 만만치 않다.

좀 어리바리한 내 여자 동창은 이번에 똑똑한 비서를 월 3백만 원 주기로 하고 채용했단다. 별로 할 일도 없는데 뭣 하려고 그러느냐 했더니, 자기 걱정을 해결하는 것이 일이란다. 그래서 3백만 원은 어떻게 마련하려고 걱정도 안하느냐 물었다. 그런데 그것은 똑똑한 자기 비서가 걱정할 일이란다.

나는 요즈음은 아무 걱정을 안 하고 산다. 단지 내 입에 들어오는 것만 신경 쓰고 그것도 체중 조절을 위해 탄수화물을 줄이려고 간식을 절제하다 보니 세상이 너무 심심하다.

큰돈이야 당연히 내가 동의해야 지출이 되고, 욕심나는 투자도 아내에게 강력한 경고를 통해 절대 안 된다고 했으니 말이다.

그런데 그렇게 하면 똑똑한 아내가 조금 편해질 줄 알았는데 지금도 신문의 경제면을 정독하고, 아파트 분양에 눈이 돌아가는 것을 보면 타고난 고생길을 스스로 만들어 가고 있는 것 같다.

전해들은 이야기가 또 있다.

요즈음은 유아원에서도 한글을 가르치는데 어린 유아들이 하루가 다르게 제법 글을 잘 쓴단다.

선생님이 엄마 아빠에게 쓴 한 남자 아이의 편지를 보고 뒤로 넘어졌단다. 그 아이는 자기가 쓴 편지를 엄마, 아빠 침실 벽에 붙여놓았다.

– 아빠에게, '담배 좀 끊어.'

– 엄마에게, '아침에 젖 좀 깨까시 씨꺼, 담배냄새 때문에 미치겠어.'

나는 모르겠다. 그런 말을 들어보지 않아서. 담배를 안 피우고, 아들이 그렇게 똑똑하지 않아서. 그러나 담배를 피우는 아빠는 조심해야 한다. 글로 쓰지는 못해도 요즈음 애들은 조숙해서 알 것은 다 안다고 하니.

세상을 순리대로 살면 대박은 터트리지 못해도 큰 실패 없이 살아갈 수 있는데 지나치게 머리를 쓰다 폐가 망신한 사람이 많다. 똑똑함보다 성실함이고, 잔머리보다 신뢰가 중요한 것임을 나이 들수록 실감하고 살고 있다.

연말이 다가오면

정유년 닭띠 해 2017년이 저물어 간다.

마지막 남은 한 장의 달력이 너무 허전하다. 날마다 같은 날이 계속되는 우리네 일상이 달력이 바뀐다고 해서 뭐 특별할 것도 없지만 그래도 버릇처럼 익숙해져버린 연말을 대하는 우리의 심정은 시린 갈비뼈 사이에 스며든 바람만큼 추워서 외로움을 앓는다.

이때만 되면 무슨 특별히 잊어버리고 싶은 사연이나 있는 것처럼 망년회로 많이 모였었다. 바쁘지 않으면 어쩐지 잘 살아가지 못한 것 같다는 마음에 목숨 걸고 마시고 연타로 몸을 괴롭혔었다.

이제는 송년회로 이름도 바꾸고 가볍게 식사나 하고 헤어지는 평온하며 맥 빠진 모임을 하고 있다. 연말이 되면 마음이 바쁘다. 그래서 평소에 낯짝 보기도 힘든 자식과 어쩌다 마주치면 근질근질한 입을 참지 못한다.

'결혼 안 할래?', '애는 언제 낳을 거니?'

생각해서 하는 말이지만 듣는 사람은 비수처럼 아프다니, 하고 싶은 이야기도 다할 수 없는 우리 부모들의 한숨이 깊어진다.

한해를 정리하고 새해를 맞이하는 송년회에서는 우리가 떨쳐버려야 할 것이 몇 가지 있는 것 같다.

지난 일은 돌이킬 수 없다. 그러나 남은 찌꺼기가 있다면 훌훌 털어버리자. 아쉬운 마음, 서운한 감정을 너무 깊이 담아놓거나 자주 꺼내지 말자. 그냥 손이라도 잡고 솔직하게 미안하다고 사과하자.

또 하나 있다. 실패했던 일에 대한 유혹은 강하고 결과는 참혹하다. 아무리 오래 버텨도 끝까지 견디지 못하면 결과는 동일하다. 마음이 번뇌하여 죽을 지경이 된다.

그래서 하는 말이다. 새해에는 나이를 생각하며 도전하자.

2018년은 무술년 개띠란다. 집이나 주인을 잘 지키는 개도 있지만 천방지축 미친개도 더러 있다.

아무리 그래도 정치는 하지 말자. 거기에 빠지면 가족도 국민도 보이지 않는다. 남들은 다 말해도 자기가 모른다면 분명히 미친 것이다. 심지어 가까운 가족 중에 정치인이라도 있으면 우리의 정서는 못 말리는 끈끈한 정으로 엮이고 만다. 가끔 우리 민족이 너무 정치적인 것 같다는 생각을 한다.

조선시대의 학연, 지연, 혈연 등으로 날 새는 줄 몰랐던 DNA를 요즈음도 자주 본다. 자리가 바뀌면 입장도 변하고 제법 그럴듯한 변명도 냉정히 들여다보면 추악한 이기적인 욕심밖에 없다,

소심한 나는 벌써 내년 지방선거를 걱정한다. 정치인이야 그렇다 쳐도 별 권세도 없는 우리들의 삶이 너무 벌어진 정치이념 때문에 얼굴을 붉힐 우려가 있기 때문이다.

아! 참 그렇다.

그 정치 무술년 개에게나 맡기고 우리는 그냥 열심히 살자.

고독사

날씨가 많이 춥다. 그래도 우리 집은 거실 난방을 틀지 않고 있다. 저녁에만 아들 방을 튼다. 우리가 쓰는 안방에는 흙침대가 있어 전원을 켜면 공기는 차지만 바닥이 따끈해서 지낼 만하다.

그런데 배우 이미지 님의 고독사 소식을 들어보셨는지요.

1981년에 데뷔하여 30년간 '태조 왕건' 등 많은 작품에 출연 하였는데 향년 58세로 신장쇼크로 사망한 지 2주 만에 동생에 의해 발견되었다고 한다.

고독사孤獨死는 주로 혼자 사는 사람이 돌발적인 질병 등으로 사망하는 것을 말한다.

도시화와 문명화로 각종 편의시설의 발달과 개인주의 가치관의 확산, 이런저런 성격차이 등으로 혼자 생활하는 사람이 급증하면서 나타나기 시작하고 있다. 특히 50대가 가장 많다고 한다.

옛날 우리 부모님들은 늙으면 등 긁어주는 사람이 있어야한다고 했는데 지금 생각해 보니 기나긴 겨울밤을 함께할 사람이 필요했던 모양이다. 그래서 고향에 내려가 보면 자기 집이 있는데도 노인당에서 함께 숙식하는 어르신들이 많다. 나는 회갑이 지났는데도 아직 애들이라고 집에 가서 자라고 하니, '지공거사'가 된 뒤에나 생각해봐야겠다.

아무리 수명이 100세로 늘어났다지만 누구에게나 돌발적인 질병은 찾아온다. 친구들은 술 잘 먹고 운동도 열심히 하여 병원 한번 안 가는 멀쩡한 녀석들이 더 먼저 간다고 말한다.

젊어서부터 온갖 약을 한주먹씩 먹는 오 약방이란 친구는 심장 수술을 두 번이나 했고 잊을 만하면 병원에 입원했다는 소식이 들리지만 가장 오래 살 것이란 데 모두 동의를 했다.

의약이 발달하고 새로운 기술이나 인공 부품이 발명되면 누구보다 먼저 혜택을 받을 거라고 하니 근거가 있는 말이다.

그래도 외로운 고독사는 있다. 다행히 오 약방 그 친구 이번 늦둥이 막내딸 결혼식에 가보니 사람이 엄청 변했다. 소문난 폭군 남편으로 이유나 장소를 불문하고 아내에게 자기 마음대로 행동 했었는데 이번에 보니 나보다 더 부드러워지고 아내 말을 잘 듣는다.

교회 가자고 말해도 될 것 같다.

오래 살고 볼 일이다.

그래서 다들 미운 남편일지라도 좋은 날을 기다리며 참고 산다.

두려운 건 강추위만이 아니다. 나이 들어 혼자되면 누구나 외로운 고독사를 맞이할 수 있다.

아내에게 우리도 돈 걱정하지 말고 난방이나 빵빵하게 틀고 살자고 이야기 해야겠다.

흘려보내기

고인 물은 썩는다. 그래서 권력이든 재물이든 한 곳에 너무 오래 있으면 부패하게 된다. 그런데도 우리는 내가 지금 가진 것을 영원한 내 것인 양 내놓지 않으려고 안간힘을 쓰고 있다.

어디 그러고 싶지 않겠는가? 나도 물려받은 것 없이, 많지는 않지만 겨우 먹고 살만한 재산을 어렵게 모았다. 그래서 수학으로 만든 전자화폐인 비트코인이나, 잘난 자들의 무덤인 주식투자, 누구나 알면서도 멍청하게 당하는 카지노를 두려워한다. 대박보다 본전 생각을 많이 하는 소심한 성격 때문이다.

그래도 내가 가진 것은 흘려보내야 한다. 돈도 버는 사람과 쓰는 사람이 따로 있다고 한다. 죽어라 모은 사람은 쓰지 못한다. 너무 아까워서.

그래서 주로 살판 난 사람은 자식들이다. 이 악물고 아끼고 모은 고통을 모르기 때문에 온갖 편리한 이유를 만들어 헤프게 소비한다. 주위를 한번 둘러보자. 부자 3대 이어지는 경우가 얼마나 되는지.

바르게 흘려보내야 새로운 물이 들어온다.

벌지 않고 쓰는 사람, 노력 없이 횡재한 사람은 한여름 밤의 꿈만 꾼다. 차라리 처음부터 없었던 사람은 없는 줄 알고 살기나 하지만, 한번 섣부르게 달콤한 입맛을 알고 나면 결코 그 환상에서 벗어나지 못한다.

그래서 그들은 대부분 그렇게 살다 간다.

권력도 마찬가지다. 부당하게 잡거나 너무 쉽게 획득하면 결말이 뻔하다. 권력만큼 허망한 것이 없다. 잡고 있을 때는 대부분 눈 아래 허리 굽힌 사람들이 있었는데, 잃고 나면 손잡고 가던 사람이 갑자기 뒤통수를 친다.

아무리 정당한 권력이라도 너무 오래 그 자리에 있어서는 안 된다. 내가 아니어도 그 자리를 원하는 사람이 너무 많다. 기다리는 사람의 눈이 돌아가지 않도록 적당한 시기에 일어서서 흘려보내야 한다.

마음 또한 마찬가지다. 미워하는 마음이나 억울한 심정을 너무 오래 담고 있지 말자.

어디 누군들 한두 가지 한이 없을까! 그래서 우리는 불공평한 세상을 참고 살아갈 수밖에 없다. 이런 마음도 흘려보내자.

그러다 보면 새물이 맑아 사랑이 되고, 따뜻한 정이 넘쳐서 함께 살만한 세상이 만들어질 것이라 믿는다.

외화내빈

'보기 좋은 떡이 먹기도 좋다.' 란 말을 너무 많이 하고 살았다. 그래서인지 우리사회는 온통 '외화내빈' 이 넘쳐난다. 실력보다 학벌이, 내용물보다 포장이, 마음보다 외모가 판을 치다보니 비정상을 정상처럼 믿으며 살고 있다.

젊은 누군가 말했었다. 결혼의 조건에 '성격보다 외모가 중요하다.' 고. 성격은 고칠 수 있는데 외모를 고치려면 너무 돈이 많이 들고 닮은 2세 생각도 해야 한다는 말에 나도 모르게 고개를 끄덕였던 것 같다.

그런데 못다 한 말이 있다. 내가 살다보니 얼굴 때문에 싸운 것이 아니라 성격 때문에 힘들었다.

퇴직하면 평일에는 산에 많이 간다. 처음 만난 사람이어도 쉽게 인사를 나눈다. "전에 어디 계셨어요?"

사람이 그립고 대화가 고픈 사람들은 아직도 지난 영화를 안주 삼아 허세를 부린다. 흘러간 물은 물레를 돌릴 수 없다는 사실을 알면서도.

제발 맹물 먹고 이 쑤시지는 말자. 퇴임하면 큰 차도 필요 없고, 친구들과 먹는 점심도 비쌀 필요가 없다.

이 나이 먹을 때까지 살아보니 이름난 곳, 좋다는 것, 비싼 것을 거의 다 먹어보았다. 무엇이 아니라 누구와가 중요하다. 인사치레로 한번 지나가는 대접보다 무언가 남아있는 끈을 이어갈 수만 있다면 점심 값 쯤은 언제나 쏠 수 있다.

꼭 그런 것은 아니지만 더 이상 새 양복이나 넥타이는 사지 않는다. 마지막 남은 자녀행사를 위해서는 벌써부터 정해 놓은 것은 있지만, 넥타이와 양복을 입을 일이 별로 없다. 그래서 불편한 형식 차리며 가야할 곳은 많이 망설여진다.

변해야 할 때 변하지 못한 사람이나, 변해서는 안 되는 것을 변해버린 사람을 보면 누구나 한번쯤 레이저를 쏘게 된다. 그래서 줄 잘못 서거나 판단이 서투르면 늘 얻어터지느라 볼 일을 제대로 못 본다.

그래도 실속은 차려야 한다. 세상이 바뀌었는데도 허세 때문에 뒷감당 못할 공약을 내뱉거나, 너무 솔직한 입담으로 망신을 자처할 필요는 없다.

자랑질도 지혜가 있어야 한다. 못 들어 보았는가? 팔불출을 각오한 아내 자랑, 거한 술 한잔 사면서 큰소리치는 자식 자랑, 한번 할 때마다 1만원씩 적립하는 손자 자랑을.

그러나 누구 탓할 수 없는 타고난 민족인지라 갈수록 나도 얼굴은 두꺼워지고 입은 헤퍼져서 '외화내빈'에 목메고 살아간다.

하지만 지나치지는 말자. 꼭 필요할 땐 은근하게 하자.

아들이 이번에 S사에 들어갔는데 운이 좋았다.

그래도 쑥스러우면 차라리 그냥 웃는 것이 더 실속 있는 자랑이 된다.

내일을 기다리며

찬바람이 불고 겨울이 오고 있다.

변함없이 찾아오는 계절을 준비하는 자에게는 휴식과 낭만이 있지만, 어떤 이유로든지 겨울을 대비하는 계획이 부실하면 혹독한 시련을 당하고 만다.

외환위기를 기점으로 망하지 않을 것이라던 은행이 망했고 평생직장은 사라졌다. 평생직장이 사라진 첫 번째 세대, 외환위기는 정년이 보장되던 시대에서 정년은커녕 비정규직이 양산되는 시대로 전환되는 기점이었다.

내가 잘 아는 이 씨는 베이비부머로 한때 잘나가는 회사 부서에 근무했다.

2010년 1월 명예 퇴직했다. 2008년 1월, 11월 명예퇴직이 있었고 더 이상의 감원은 없다고 한 뒤였다.

'그동안 고생했으니 좀 쉬세요.' 라는 아내와 가족의 위로가 있었지만,

1년을 놀고 나니 '일이 없을 때가 제일 힘들었다.' 고 말했다.

퇴직금 하나로 자영업에 뛰어들던 시절이었다. 큰 걱정은 없지만 늦게 결혼한 탓에 아직 결혼 안한 자식이 있고, 고향에 연로한 부모님이 농사를 짓고 있다고 했다.

2011년 퇴직금으로 '이바돔 감자탕집' 을 열었다. 장사가 잘되나 싶더니 6개월 뒤에 30m 거리에 감자탕집이 생겼다. 3개월이 또 지나자 500m 거리에 '이바돔' 에서 또 지점을 냈다. 1년 반쯤 버티다 포기했다. 이후 채권추심업체에 계약직으로 다니며 자식들을 겨우 결혼시키고 하던 일을 접었다.

그는 '나보다 더 어려운 사람들에게 빚을 갚으라고 하면서 돈을 버는 구조가 힘들었다.' 고 말했다.

우리는 말한다. '직장 생활하는 것이 허리 한번 제대로 펴보지 못하는 정글의 삶이다.' 라고. 그런데 밖에 나오니 어디 기댈 수도, 멈출 수도 없는 영하의 늦은 밤 빙판이 계속되었다고 한다.

그래도 봄은 온다.

어떻게라도 살아있으면 겨울도 기한이 있고 우리의 삶도 출구가 있다.

사람은 다 살게 되어 있다. 너무 힘들다고 한 번에 문제를 해결하려 들 필요는 없다. 그때는 잎을 떨구고 죽기라도 하는 것처럼 겨울을 지내는 낙엽수의 '견디어 내는 삶' 이 정답이다.

그래서 나는 '내일을 기다리며' 오늘을 산다. 먼저 잘 나갔던 사람도 대부분 한 두 불럭 못가서 횡단보도 앞에서 만나거나, 멀게 느껴진 거리도 실제로 따라가 보면 시간이 5분도 채 안 걸린다.

세상은 길게 보면 공평하단다. 3대 부자도 없고, 100일 피는 꽃도 없으니 말이다.

오늘은 너무 일찍 일어 났나보다. 글을 쓴다고 찬 거실에 오래 있었더니 콧물이 주르룩 흘러나온다.

큰일 났다. 잘못하면 아내에게 혼날 것 같다. 얼른 들어가서 한 시간 더 자는 체 해야겠다.

늙은 사자

늙은 사자와 늙은 토끼가 서울 괜찮은 동네 넓은 평수의 같은 아파트에 살고 있다. 알다시피 사자는 젊어서 힘 있고 높은 자리에서 권력과 부를 누렸으며, 집에서도 한 성깔하며 가족을 휘어잡으며 살았다. 폭군 같은 그 성질 때문에 자식들이 힘들어 늘 불평했지만, 그래도 부족한 것 없이 잘 살았다. 그에 반해 토끼는 분수를 알고 성격도 원만하여 크게 성공하지는 않았지만 무난하게 지금까지 살고 있다.

늙으면 사자든 토끼든 똑같다. 초라하고 외롭고, 서럽다. 몸이 아파서, 돈이 없어서, 말할 사람이 없어서.

그런데 늙은 사자가 늙은 토끼보다 오래 살지 못하고, 더 초라하고 더 외로움을 탄다고 한다. 있다가 없거나, 높은 자리에 있다가 내려오면, 보기에 더 불쌍하고 초라해 보인다.

가수 HK의 이야기다. 그는 기러기 아빠다. 그래서 가능하면 집에 늦게 들어간다. 잠이 별로 없지만 일찍 자면 새벽에 너무 빨리 눈이 떠져 힘들기 때문이다. 잘 때도 축구중계를 틀어놓는다. 일어나서 바로 보기 위함도 있지만 아무도 없다는 외로움을 달래기 위해서란다.

그런데 가족이 있는 미국에 가면 시도 때도 없이 잠을 잔단다. 그래서 아내가 잠을 자러 미국까지 왔다고 불평이 대단하다. 가족이 있다는 편안함 때문에 잠을 잘 잔다는 변명에 많이 공감이 간다.

내 친구 아버지도 사자였다. 그런데 늙고 병들어 치매까지 와서 너무 불쌍해졌는데도 성깔만은 변화가 없었단다. 병수발에 엄마와 자식이 쓰러질 지경이라 의논하여 양로원에 모시기로 했다. 양로원에서 수속을 마치고 나오려는데 아버지가 뭐라고 말을 하려는 듯 옷을 잡더란다. 대화가 안 되니 내일 오겠다고 여러 번 이야기하고 집에 왔는데 그날 저녁에 돌아가셨단다.

친구는 울먹이며 말한다. 그 강한 아버지가 가족들이 자기를 버리고 갔다는 충격으로 돌아가신 것 같다고….

또 옷을 잡는 손과 말도 못하고 바라보던 그 눈빛을 잊을 수 없다고.

늙은 사자는 외롭다.

그런데 계절 탓일까? 나도 갑자기 외로움이 밀려온다.

'남한산성' 감상기

추석은 도시에도 있다. 그러나 좀 멀고 힘들더라도 설레이는 마음으로 시골 고향을 찾아가는 귀향행렬을 보면 솔직히 부러운 마음이 더 크다. 내 고향은 해남이다. 이젠 고향에 가봐야 부모님도 안계시고, 나도 거느려야할 가족이 있어 이곳에서 명절을 보낸다.

도시의 명절은 단순하다. 밤늦게까지 아내와 딸이 준비한 전, 나물, 갈비 등이 있기에 아침에 특별히 일찍 일어날 필요는 없다. 8시에 일어나 추석 가정 예배를 드리고 한자리가 빈 5인 식탁에서 아침을 먹으면 공식 일정은 끝난다.

그래도 오늘은 바쁘다. 딸이 오전 9시 50분에 개봉영화 '남한산성'을 예매해 놓았기 때문이다.

'남한산성'은 김훈의 원작 소설을 황동혁 감독이 유명배우 이병헌, 김윤석, 박해일, 고수 등을 캐스팅하여 제작하였다.

영화는 조선 인조 때 병자호란을 배경으로 하고 있다. 명나라를 섬기고 있었는데, 여진족이 세운 청나라가 청의 신하가 되라고 요구하며 쳐들어 왔다.

힘이 없어 중국을 섬기는 것도 억울한데 그들의 정치변혁에 희생양이 되어 침략을 당하고 임금이 남한산성으로 피신을 한다.

나라가 백척간두의 위태한 상황에서 벌어지는 신하들의 논쟁이 영화의 핵심이다. 많은 제작비와 촬영의 어려움을 엿볼 수는 있지만 조금은 EBS 냄새가 나는 것 같아 지루했다.

화친파 최명길의 주장은 항복해서라도 살아야 나라와 백성이 있다는 것이고, 저항파 김상헌은 명분을 위해 죽더라도 싸우자는 것이다.

그런 상황에서 어디 정답이 있겠는가? 서로가 서로를 공격하며 면책을 하려는 권력자들의 추태는 381년이 지난 오늘의 사드상황에서도 볼 수 있으니 답답한 것은 물론이고 억울하고 슬프기만 하다.

대장장이 고수의 입을 통해 말해진 또 하나의 진실이 있다. 좋을 때는 신분이나 지연, 학연 등을 따져 그들만 권력을 누리다가 어려운 상황이 오면 애국이나 국민, 충을 말하며 희생을 요구한단다.

그래서 민란이 있고 촛불이 꺼지지 않는다.

지금 우리가 이렇게라도 살고 있는 것은 그동안 억울하게 죽거나 피흘린 그들이 있었기 때문이다.

싸워서 죽든지, 죽어서 살든지는 오늘의 문제만 해결하는 단기적인 방식이다. 우리는 앞으로도 계속 살아가야 한다.

국가만의 문제만 아니다. 세상은 힘, 돈, 권력이 없으면 억울하고 굴욕을 당할 수밖에 없다.

억울함은 입으로만 해결되지 않는 것 같다.

영화관을 나오는 발걸음이 찬란한 가을 하늘임에도 무거웠다.

누구나 사연은 있다

8.2조치가 발표된 후 요즈음에는 다주택 소유자가 청산해야할 적패의 대상이 된 듯하다.

한나라의 부는 한정이 되어 있기 때문에 특정한 몇 사람이 많이 소유하면 당연히 부족한 사람이 생기기 마련이다. 그래서 능력과 노력, 운에 따라 차별이 이루지는 자본주의 국가의 경제원칙 하에서도 불평등은 고민이고 난제가 된다.

그런 점에서 심사숙고하여 선정하고 임명한 주요공직자들의 재산공개는, 다주택자라는 사실을 변명하기엔 난감한 모습이다. 더 잘 살기위해 머리 잘 써 다주택자가 되었지만 비난 받고 있는 그들에게도 사연은 있는 모양이다.

아름다운 분재를 가꾸는 사람은 무척 차갑고 잔인하다.

잘리고 구부러지며 간당간당 숨넘어가며 피워낸 꽃망울은, 보는 사람은 예쁠지 모르지만 당사자는 목숨을 건 투쟁의 삶이다.

8.2조치는 정당하다. 또 그 조치에 희생당하는 사연 있는 사람들의 항변도 공감한다.

그러나 그 어떤 사람이 만든 어떤 법도 완전하지는 않다. 너무 법의 권세로 강제하면 안 된다. 최소한의 숨 쉴 곳은 허락해도 될 것 같다. 힘없고 딱한 사연이 있는 사람들에게….

사연은 그곳에만 있는 것은 아니다. 보이지 않는, 밝힐 수 없는 곳에서도 나름대로 어쩔 수 없는 사연은 다 있더라. 술 깨고, 꿈 깨면 내가 한 일을 나도 이해가 안 될 때도 있으니, 남에게 용서를 구하기도 부끄러운 모양이다.

내 아들 이야기이다. 중3이었을 때, 무척 가까운 친구가 있었다. 부모가 집을 비운 날이면, 함께 뒹굴고 밤을 새던 사이였다. 그런데 그 시절의 넘치는 에너지가 장난을 만들고 그 장난이 과했던 모양이다.

학교에서 칼싸움 장난을 하다, 날이 없는 카터칼이라고 생각해 쫓아가며 친구의 등 뒤에서 칼을 내밀었는데 결과는 대형사고를 치고 말았다.

행운은 혼자 오고, 나쁜 것은 겹쳐서 온다는 말처럼, 그 칼에 작은 칼날이 남아 있었고, 그날따라 하복 속에 런닝셔츠를 입지 않았단다. 깊지는 않았지만 열서너 바늘을 꿰매고 엎드려 자야하는 고통을 견뎌야 했다.

부모는 무한 책임이라 치료비는 물론이고, 집에까지 찾아가서 무릎 꿇고 용서를 빌었다. 당하는 피해자의 아픔을 모르는 바는 아니지만, '자식을 어떻게 가르쳤느냐?' 라는 말과, 담임을 통해 적절한 조치를 취해달라는 요구 때문에 정학까지 갈 뻔한 사연은 지금 생각해도 가슴이 시리다.

가끔씩 처지가 바뀐 사연을 듣는다. 불리할 때 상대방에게 심하게 던진 말과 행동이, 살만해지면 부메랑이 되어 돌아온다. 표정도 변하고 논리도 바꾸어 변명하지만 궁색하고 조잔해 보인다.

누구의 어떤 사연이든 듣는 사람의 마음은 제각각이지만, 당사자는 절실하다.

어쩌겠는가! 세상이 돌고 도니 힘들어도 끝까지 사연을 들어주는 것이 좋을 것 같다.

바둑으로 세상 읽기

정우성이 열연한 '신의 한수' 라는 영화가 있었다. 도끼자루 썩는 줄 모른다는 신선놀이 바둑의 승부로 목숨을 건 도박을 한다. 어디에서나 달인 같은 꾼들은 있다. 귀신에 버금가는 그들이지만 승부는 마지막 한 수로 결정된다. 그 수가 '신의 한수' 이다.

극성스런 젊은 맘들이 선호하는 방과후 프로그램이 있다. 세상은 계속 진화한다. 변화에 적응하지 못하면 도태되어 생존하지 못한다. 그것을 알기에 농경시대 화두인 근면이나 기술을 버리고 이제는 창의성이란다. 창의성엔 바둑이 제격이다. 상대방의 심리를 읽어내고, 수많은 가능성 중에서 가장 최고의 선택을 찾아내는 두뇌싸움은 창의성 발달에 탁월한 효과가 있다.

나도 바둑을 좀 둔다. 한때는 인터넷 한게임 바둑에서 4단까지 올라갔었는데 요즈음은 1단 놓고도 반타작이 힘들다. 나이 들자 인내력도 떨어지고 눈에 보이는 욕심만 커져서 소탐대실하느라 전전긍긍하고 있다.

바둑에서 돌을 놓을 수 있는 자리는 19x19= 361 자리가 있다. 흑이 먼저 두는데 그 대가로 여섯 집 반을 감해야한다.

잘 두는 사람은 가장 중요한 자리에 돌을 놓으면 상대가 따라 올 수밖에 없다. 세상도 마찬가지다. 주도권을 가진 자가 승리한다. 그래서 상대가 하고 싶은 일을 내가 먼저 하려고 눈 까집고 귀 세우고 살아간다.

살다보면 누구나 어려울 때가 있다. 무리해서 억지로 결론을 낼 필요는 없다. 내가 살아 있어야 기회가 온다. 아무리 공격이 최선의 수비라지만 나를 살피고 공격을 해야 한다. 그래서 '아생연후살타' 이다.

상대가 잘 나갈 때는 고개는 못 숙이더라도 참고 기다려라. 적의를 보이지 않으면 방심한다. 그도 사람이다. 그래서 한때 돌부처란 이창호를 두려워했단다. 포커페이스, 얼굴과 말에서 마음이 나타나지 않으니 속을 알 수 없어 두려운 것이다.

바둑은 시간 싸움이다. 마지막 초 읽는 소리가 피를 말리는 느낌이란다. 오래 생각한다고 좋은 수가 나오는 것이 아니다. '장고 끝에 악수' 라고.

판단은 빠르고 몸은 가볍게 해야 한다. 옳다고 생각되면 일단 가야 한다. 대부분 사람은 비슷한 생각을 하고 산다. 단지 결정하는 시간이나 판단에 조금 차이가 있을 뿐이다.

나는 종종 바둑에서 사람을 본다. 지나치게 수비만 치중하는 소심한 녀석, 자기 약점도 모르고 상대를 공격하는 무모한 놈, 미끼를 던져 대어를 낚는 얄미운 새끼, 죽어가는 곤마 살리겠다고 재산 다 말아먹는 불쌍한 애송이를 구별한다.

바둑도 야구도 골프도 변수가 참 많다. 그래서 더 현명하게 살아보겠다는 사람들이 그곳에서 세상을 배운다.

보는 눈이 없으면 '낫 놓고도 기역자도 모른다.'

아는 것만큼만 보이고, 보고 싶은 것만 본다.

그런데 어제 보았던 그 사람이 오늘은 다르다. 참 모를 것이 사람이다. 아마도 내가 쓴 글을 읽어 본 모양이다.

며칠 더 지켜보아야 할 것 같다.

치킨 게임

살아있는 모든 것들은 자기가 더 잘 살아보려고 서로 싸운다. 심지어 식물들까지도. 힘이 약하면 도태될 수밖에 없다. 우리 인간도 3가지 때문에 싸운다고 한다.

먹는 것, 성 욕구, 권력이다.

치킨게임은 1950년대 미국 젊은이들 사이에서 유행하던 자동차 게임의 이름으로, 한밤중에 도로의 양쪽에서 두 명의 경쟁자가 자신의 차를 몰고 정면으로 돌진하다가 충돌 직전에 핸들을 꺾는 사람이 지는 경기이다.

이렇게 어리석어 보이는 치킨게임을 요즈음 도처에서 볼 수 있다. 아니 지금 나도 다른 이름으로 치킨게임을 하고 있는지도 모른다.

김정은과 트럼프는 두 사람의 성격답게 돌아서거나 중지할 수 없는 자기 자동차의 액셀을 밟아대고 있다. 속 타는 사람은 당사자인 한국이나 곁사람이다.

그들만 탓할 일도 아니다. 노사분쟁, 당권경쟁, 이전투구, 부부싸움도 치킨게임이 될 때가 많다.

치킨은 겁쟁이라 불리기 때문에 게임이 끝나면 모든 것이 끝장난다는 두려움이 있다. 그러나 어느 한 쪽도 핸들을 꺾지 않을 경우 게임에서는 둘 다 승자가 되지만, 결국 충돌함으로써 양쪽 모두 자멸하게 된다.

제3자인 관객이야 객관적이라는 이름으로 훈수를 할 수는 있다. 옆에서 보면 서너 수가 더 잘 보이기 때문이다.

그렇지만 당사자들은 조금만 더 버티면 상대가 포기할 것 같은 착각을 믿고 싶다.

잘 나가는 가게와 옆에 새로 생긴 가게가 경쟁을 시작하면 결국은 가격경쟁이다. 이익을 줄이고 본전 이하로 출혈이 길어지면 자본이 적은 가게가 망할 수밖에 없다.

그렇다고 살아남은 가게는 온전할까? 황새와 조개의 싸움을 지켜보는 어부지리의 어부는 어디서나 눈을 번득이고 있다.

부부간의 치킨게임은 많이 배운 사람은 자존심으로 헤어지고, 덜 배운 사람은 돈 때문에 끝장을 낸다고 한다. 치킨게임은 옳고 그른 것을 따져 해결되지 않는다.

현명한 사람은 상대 말에 토를 달지 않고 먼저 멈춘다. 그래야 상대도 돌아설 수 있는 기회가 주어진다. 옆에서 감 놔라, 배 놔라 조언할 필요도 없다. 무관심이 약이다.

헤어지거나 망하거나 죽고 나면 이겨도 아무 의미가 없다. 다행히 트럼프나 김정은이 조금 정신이 든 모양이다. 그래도 우리는 늘 불안하다. 힘이 없어서.

큰 힘이 있으면 치킨게임하다 망하고, 없으면 억울함과 걱정 근심으로 말라 죽기 쉽다. 오늘 내가 가진 작은 힘이 어쩌면 내 명대로 살 수 있는 은혜인지 모른다.

감사하자. 범사에….

홧김소비 탈출하기

'홧김에 서방질한다.' 는 말이 있다. 아무리 이성적인 사람도 화가 나면 피가 머리에 몰려 평소와 다른 행동을 하기 쉽다. 그래서 생각이 행동을 지배하지만, 극단적인 감정은 이성을 마비시키고 엉뚱한 사고를 곧잘 치곤 한다.

여자들이 싫어하는 이야기가 군대와 축구 이야기라고 한다. 내 친구가 지금도 가슴 쓸어내리며 고마워하는 사람이 있다. 군대 일등병 시절에 악랄한 고참 상병이 요즈음 갑질은 웃고 갈 괴롭힘이 계속되자 화가 나서 '다 쏘아 죽인다.' 고 총을 들고 나왔더란다. 대치과정에서 조금 정신이 들었지만 상황이 어쩔 수 없이 총을 쏠 수밖에 없었는데, 동기 녀석이 자기를 먼저 쏘라고 울면서 애원 하는 바람에 상황이 종료되었단다.

우리들은 언제나 이성적이고, 합리적으로 소비를 하려고 노력한다. 더구나 소득의 범위 안에서 재형저축을 빼고 소비를 했던 베이비부머의 허리띠 졸라맨 배고픔이 있었기에 지금의 이 나라와 가족이 있다는 자부심이 있다.

그런데도 요즈음 엉뚱한 소비 때문에 남몰래 한숨 쉬는 후회가 있어 여러 번 다짐도 하고 되돌아본다.

그것은 충동구매, 홧김소비, 탕진잼이라 불리는 소비이다. 충동구매는 참 다양한 이유가 있다. 그러나 공통적인 이유는 감정이 지나치게 개입했다는 것이다. 특히 여자나 젊은이들이 미래보다는 현재의 삶을 더욱 소중하게 여기고, 자신만을 위해 더 투자하려는 감정이 소비에 투영되기 때문이다. 더 심각한 것은 늘어나는 일상의 스트레스나 우울함 등을 소비를 통해 해소하려는 이들이 늘어난 것으로, 최근 자주 사용되는 '홧김비용' 이라는 신조어가 이런 현상을 대변하고 있다.

'주문이 밀려들고 있습니다', '딱 3분 남았습니다' 에 넘어가는 사람은 그래도 이성이 조금 남아있는 초보이다. '고객님은 이쪽보다 저쪽이 형편에 맞을 것 같습니다.' 에 열받아 명품을 구입하면 1년 가봐야 한두 번 사용하는 완전 '홧김소비' 이다.

'열고!' 를 외치거나, '못 먹어도 고!' 라고 해서 올인 한 사람에게는 택시비도 줘서는 안 된다.

스스로 깨닫지 못하면 변하지 않는다. 돌아서서 후회하는 '홧김소비' 는 자기감정을 조절하지 못할 때 일어난다. 살 때는 흠집을 자세히 말하고 이월상품이나 할인율에 목메지만, 사고 나면 정품에 정가를 말하는 아내에게 표현은 못하지만 마음속에 늘 미안하고 고마운 마음을 가지고 있다.

우리 동네 명품 싼 곳은 발품이 현명한 소비라고 한다.

열 받는다고 에어컨 너무 오래 틀면 여름감기에 고생하고, 이달 관리비가 많이 나와서 아내 주름살이 늘어날 수 있다.

성질은 죽이고 조용히 사는 것이 현명하다.

'갑'의 본능

숨 막히는 폭염을 피하고자 가평 켄싱턴리조트로 피서를 왔다. 무더위는 몸만 느끼는 것이 아닌 모양이다. 그동안 몇 줄 써오던 아침단상도 무력해진 머리 때문인지 아무런 생각이 떠오르지 않았다.

잘 가꾸어진 아침고요수목원과 손때가 덜 탄 축령산 잣나무의 푸르름이 쇠잔해져 가는 원기를 일깨운다. 도시는 사람들이 내품는 욕심의 끝없는 몸부림으로 더 이상 야외작업도 불가능해진 35도를 넘었다는 전갈을 들었다.

그러나 여기도 뜨거움의 여진은 불어오고 있다. 적폐를 지나 성추행, 갑질의 광풍이 연일 TV를 달군다. 장소는 달라도 모두 다 힘 있는 자의 소행이다. 위임된 권력의 한계를 깨닫지 못한 정치, 힘 있는 본능을 다스리지 못한 성추행, 잠시 빌려 쓰고 있는 갑의 권위를 맹신하는 갑질은 우리가 갈망하는 허상의 뒷그림자이다.

여럿이 모이면 한 입으로 욕을 하지만, 우리의 본능 속에는 갑질의 뿌리가 늘 고개를 내밀려고 한다. 회장이나 대장, 기관장이 아니어도 갑질은 한다. 이미 전설이 되어버린 '고객이 왕' 이라는 구호를 맹신하면 쇼핑하는 현장의 갑질은 남의 이야기가 아니다.

세상사 혼자 살 수 없으니 함께 살아야 하고, 모여 살다보면 힘에 의한 상하관계가 필연적으로 발생한다. 사회의 질서는 힘의 균형이 잘 조화되어야 한다. 힘이 있다고 너무 으스대거나, 없다고 너무 선한 척 하는 것도 꼴불견이다. 힘이 없는 것이 선한 것이 아니라, 있어도 그 힘을 잘 사용한 사람이 선한 것이다.

손금 닳아지도록 비벼 획득한 권력이나, 비정상적인 거래를 통해 쌓은 부, '공것이라면 양잿물도 큰 것' 이라는 숨길 수 없는 갑질의 본능을 이제는 버려야 한다. 세상은 변하고 있다. 아니 이제는 돌이킬 수 없는 대세가 되어 흐른다.

나는 지금도 두렵다.

조그마한 갑의 이름표는 이미 버렸지만 부모로서, 알량한 지식인으로, 연금이라도 받고 있는 퇴직자로서, 날마다 부딪히는 쇼핑의 현장에서 갑의 본능을 통제하기 힘들기 때문이다.

냄비처럼 잘 달궈지고 쉽게 식어버리는 게 우리 민족의 습성이란 말을 들은 것 같다. 남을 향해 주먹을 내지르기는 쉽다. 촛불의 영광도 무서움도 남의 일이 아니다. 깨닫지 않으면 오늘 내가 비난했던 그 자리에 내가 설 수도 있다.

권력은 잠시 위임 받은 것이고, 재물은 노력한 만큼 빌려 쓰고, 지금의 지위도 피할 수 없는 뒷물의 도전에 자리를 내놓아야 한다.

아! 이렇게 글을 쓰면서도 숨길 수 없는 갑의 본능은 참기 어렵다. 오늘은 덥더라도 산의 정상에 올라가 억제된 갑의 욕구를 해소해야겠다.

약속 울타리 만들기

요즈음 서점가엔 책이 잘 팔리지 않는다고 한다.

먹고 살기가 힘들고 세상이 급하게 변하니 어디 차분하게 책이나 펼쳐 볼 마음의 여유가 있을 것 같지 않다.

더구나 팔리는 책이라곤 경쟁에서 살아남기 위한 자기 계발서가 주종이라고 걱정을 하는 사람이 많다. 소설을 읽지 않으면 상상력이 결여되고 인문학적 소양이나 창의성이 떨어져 개인의 삶이나 사회의 발전이 더디어 진다니 심각한 문제가 아닐 수 없다.

그래서일까?

정치, 경제, 사회 모든 분야에서 막말이 횡행하고 있다. 말하는 사람은 숨어서 한다고 하지만, 몰라도 한참 모르는 어리석은 행동이다. 사방팔방에 CCTV가 설치되어 있고, 마음만 먹으면 내 침실이나 속옷의 색깔까지도 알아낼 수 있는 기술이 일반화 되어있다.

그래도 지킬 것은 지키는 것이 좋다.

공익이라는 이름으로 너무 사생활을 까발리는 것은 스스로 제 무덤을 파는 일이다.

약속이 무엇인가? 힘들지만 서로의 신뢰를 위해 예의를 지키는 것이다. 눈앞의 이익이 크게 보이지만 멀리 보면 불신이 가져오는 피해는 어마어마하다.

한걸음 더 나가보자.

인권이란 이름으로 일반화된 자유가 불편해 보일 때가 많다. 어떤 옷을 입던 그것은 그 사람의 취향일 수 있다.

그러나 해변에서 입어야 할 옷차림이 길거리에 넘쳐나고, 공공장소에서 행해지는 스킨십들을 보는 내 눈이 즐거움보다 피곤해질 때가 많다. 자기는 매우 솔직하다지만 듣는 사람은 막말이라 느낀다.

'유자도 강북에 심으면, 탱자가 된다.' 고 한다.

때 묻지 않는 신인이라고 환호했던 사람이 너무 빨리 구설수에 몰리는 것이 비일비재하다. 그만큼 현재 우리 삶의 터전이 오염되었다는 것이다. 그들이 순수함을 잃으면 우리의 미래가 어둡다.

유자를 탱자로 만들지 말고, 탱자를 유자로 바꿀 수 있도록 나부터 마음의 소양과 약속의 울타리를 조금씩 키워 가면 좋겠다.

정치 바라보기

정치란 물길을 바르게 흘려주는 것처럼 국민이 원하는 바를 찾아 그 길을 열어주는 것이다.

어느 한편이 이익을 얻으면, 다른 한쪽이 손해를 보는 것이 세상이치다. 그래서 현명한 정치란 서로 다른 사람의 손실을 최소화 하는 것이다. 그것이 협치이다. 그러나 그 협치도 한계가 있다. 완벽하지 못하다고 잘못된 것은 아니다.

권력이나 돈, 물은 한곳에 오래 머물러 있으면 썩고 만다. 잃고 나서야 그 소중함을 알게 되고, 아래에서 볼 때 진실이 더 많이 보인다고 한다. 잘 한다고 너무 높은 곳에 오래 머물지도 말자. 쫓겨서 내려가는 것보다 스스로 물러나는 것이 아름답다.

정치의 성공 여부는 사람을 어떻게 쓰느냐에 달려 있다. 나라가 커지고 너무 방대한 일을 해야 하기 때문에 아무리 능력있는 사람도 혼자서는 다 할 수 없다.

중국의 주나라 무왕은 강태공을 얻어 천하를 안전하게 하였고, 한나라의 고조 유방은 장자방을 얻어서 천하의 근심을 없앴다.

그러나 박 전 대통령은 최순실 때문에 감옥에 갔다.

옛날부터 교활한 토끼를 잡고나면 사냥개를 삶아 먹고, 높이 난 새를 잡고나면 활을 창고에 넣어 놓는다고 한다. 권력은 나눌 수 없는 것이다. 그래서 조카, 남편, 자식, 부모를 죽이고서라도 차지하려고 한다. 그것은 마약이다. 일단 맛을 보면 헤어나지 못하고 앞으로만 달려간다.

권력은 견제를 낳고, 견제는 피를 부른다.

절대자가 힘이 있으면, 힘 있는 2인자를 제거하려 하고, 힘이 없으면 제거 당한다. 그래서 살아남기 위해서는 합종연행이든 국민들이 욕하는 거짓말도 할 수밖에 없다.

결국은 그것으로 패망하지만….

정치를 시작할 때 처음에는 국민을 위해 정치를 하지만, 어느 순간 국민을 말로만 찾고, 권력밖에 보이지 않는다고 한다.

화무십일홍이다.

대통령도 5년이면 끝이 난다. 허니문 기간에 환호 하던 사람들이 임기말에 비판하고 욕한다.

마약에 중독된 정치라고 비난만 하지 말고 두 눈 똑바로 뜨고 지켜보자.

상과 벌

사람이 사는 세상은 수많은 조직이나 사회가 있다. 목적은 다르지만 구성원의 응집력과 능력이 조직에 대한 평가를 좌우하고 있다.

목적이 아무리 옳을지라도 구성원의 생활을 해결해주지 못하면 조직의 생존은 오래가지 못한다. 그뿐만 아니다. 원하는 곳에 들어가지 못할 때는 어떤 불리함도 감수할 수 있었는데 처지가 바뀌니 주장도 바뀐다. 어쨌든 조직이 살아야 리더도 살고 조직원도 삶의 의미가 있다.

그런데 말이다. 전쟁에 이기거나, 선거에 승리한 다음, 큰 프로젝트를 완료한 후에 논공행상을 잘못하면 조직은 불신에 쌓이거나 흔들리는 것을 자주 본다.

조직의 발등에 불이 떨어지면 개인적인 불만도 말할 수 없다. 우선 살아남아야하기 때문이다. 그래서 북쪽에 있는 그 분이나 우리의 독재자, 신뢰 잃은 리더는 위기를 조성하거나 대단한 목적을 제시하기도 한다.

고난은 같이 해도 즐거움은 함께 할 수 없는 사람이 있다. 토사구팽하기 때문이며, 상벌이 분명하지 않기 때문이다. 아무리 나라나 조직을 위한다지만 목구멍이 포도청이다. 노력이나 능력을 정당하게 보상받지 못하면 불만은 쌓이게 되고 결국은 터진다.

그래서 한계가 있는 상이나 보상의 분배는 어렵다. 누구나 인정할 수 있는 기준이 필요하지만 그 기준은 받고 싶은 사람에 따라 조금씩 다르다. 더구나 그 기준이 정실이나 청탁, 정책적이라면 구성원을 설득하기는 어려워진다.

어디 국가나 사회, 직장에만 해당할까. 재산이나 사랑을 나누어주는 가정도 마찬가지이다. 열손가락 깨물어 안 아픈 손가락 없다지만 유달리 짠하고 사랑스런 자식도 있다.

뒤에 서서 비판하기는 쉽다. 대안도 없으면서 남의 눈의 티는 크게 잘 보이니까….

4

여기까지 오면서

후계자 기르기

숲속의 왕 사자가 늦어서야 귀한 아들을 얻었다. 무엇하나 부족한 것이 없는데, 그동안 후계자가 없어 속으로 마음고생을 많이 했단다. 가진 것이 많으면 후계자를 잘 가르쳐야 한다. 그래서 자식의 사부를 추천 받았다. 그런데 여우는 영리하지만 거짓말을 좋아하고, 표범은 용감하지만 정치를 모르기 때문에 적당하지 않았다.

결국 사자는 새들의 왕인 독수리에게 자식 교육을 맡겼다. 무사히 후계자 수업이 끝나 집에 돌아온 자식에게 물었다.

'그동안 무엇을 배웠느냐?'

새끼 사자는 자랑스럽게 대답했다. '나무 가지에 둥지 트는 법, 높이 나는 법' 을 배웠다고.

우리는 대부분 자식을 유학을 보내고 싶어 한다. 그런데 유학 다녀온 자식들이 배울 것은 배우지 않고 엉뚱한 것만 익혀오면 그들이 설자리는 없다.

소통보다 막말을, 열심대신 사이비 자유를.

그래도 그들이 우리 가정을, 이 나라를 이어가야할 후계자이기에 걱정하며 이 글을 쓴다.

평등이 아무리 옳아도 노력하지 않는 무임승차는 바람직하지 않다. 정당한 절차와 법을 지켜 쌓은 부까지 비난의 대상이 되어서도 안 된다. 민주주의가 다수결의 원리를 기본으로 하지만 매사를 다수로 몰아붙이는 것도 능사는 아니다.

여론이란 민심도 바람과 같다. 어느 순간에 역풍이 불기도 하고, 내 뜻대로 되지 않는 변수가 너무 많다는 것을 알고 조금 더 겸손해지고 자주 초심을 생각하자.

나라도 가정도 우리 몸과 같다. 머리가 아무리 중요해도 손과 발 등의 지체가 자기 역할을 다하지 않으면 병신이 되거나 제대로 살기 어렵다.

사슴은 그 잘난 뿔 때문에 사자에게 쫓기다가 나무 가지에 걸려 잡혀 죽었고, 나는 소도둑 같이 큰 손 덕분에 운동을 할 때 좋은 점이 많다.

누구나 부족한 면을 가지고 있다. 그것이 다른 사람에게 피해를 주지 않는다면, 좋은 면까지 싸잡아서 비난하지 말자. 자꾸 높아지고 싶어 하는 것이 사람 욕심이지만, 낮은 곳에 서 본 사람, 낮은 곳에 설 수 있는 사람이 가정, 회사, 나라의 리더 후계자가 되었으면 좋겠다.

성격을 알면

인생은 끝이 있다.

젊어서는 길고 지루하게 느껴질 때도 있었지만, 회갑을 지나고 나니 세월이 나이만큼 빠른 속도로 간다.

우리는 이렇게 정해진 시간과 삶을 살기 위하여 내게 가장 소중한 생명에너지를 날마다 자기가 가장 가치 있는 일을 위해 소비해 가면서 살고 있다.

사람마다 가치의 기준은 다르지만, 그 소비하는 방법은 몇가지 유형이 있다. 그것이 성격이다.

두뇌가 발달한 머리형, 관계적인 감정이 민감한 가슴형, 활동적이며 신체적 에너지가 충만한 장형이 그것이다.

성격은 좋고 나쁜 것은 아니다. 성격에 선악을 포함시키면 인격이 된다. 그래서 급하다거나, 무뚝뚝한 것이 나쁜 것은 아니다. 단지 그 사람이 하는 일이나 생활하는 사람과 잘 맞지 않거나, 말과 행동이 남에게 피해를 주면 나쁜 인격을 가진 사람이 된다.

머리형은 매사가 자기가 이해되어야 움직인다. 상황 판단이 빠르고 논리적이지만 겁이 많고 실천력이 약하다. 가슴형은 다정하고 세심하며 감성적이다. 그러나 의존적이고 감정의 변화가 많아 변덕이 심하다. 장형은 활동적이고 뒤끝이 없고 추진력이 좋다. 하지만 저돌적이며 남과 잘 충돌한다.

나는 머리형에 가슴형의 날개를 단 것 같다. 성격은 24살 한창 때에 가장 그 특징이 잘 나타나고, 나이를 먹을수록 환경에 적응하기 위해 날개를 단다. 그러나 본 성격은 그대로 있다. 단지 숨어 있을 뿐이다.

성격을 알면 세상이 쉬워진다. 속 썩이는 남편이 이해되고, 말도 안 되는 지시를 하는 시어머니를 내가 원하는 방향으로 슬슬 이끌어 나갈 수 있다.

주제도 모르고 기어오르는 며느리나 손자를 달래거나, 내 배 째라 엉겨 붙는 옆집 눈 시린 아줌마를 적당히 요리할 수 있다.

그래서 눈을 뒤집고 공부해야한다. 그래야 요양병원 안 가고 맘 편히 내 집에서 눈을 감을 수 있다.

오늘 아침 김칫국이 너무 시고 많이 부어 넘칠 것 같다.

덥다.

옆자리 배짱이 아줌마가 너무 열심히 골프공을 때린다. 선수도 아니면서….

누구를 생각하고 있을까? 무섭다.

백수의 꿈

여름이라 날씨가 무덥다.

그래서인지 어제 밤에 조리원들의 파업문제로 힘들었다. 더구나 친구네 학교는 잘 해결되었다는 말에 가능성과 좌절로 롤러코스를 몇 번을 타고 말았다.

퇴임한 지 1년이 코앞인데 아직도 돌출한 교육문제만 있으면 꿈속에서 월급도 안 받는 근무를 하고 만다. 너무 진지한 연금 수급자인 것 같다.

오늘 이야기는 눈뜬 꿈 이야기다.

백수인 나에게도 꿈이 있다.

철없는 남자들이 노래하는 그림 같은 전원주택과 자그마한 농장에 살고 싶은 귀농이다. 꺼내자마자 아내에게 검증불가능의 조건으로 박살났지만, 그래도 미련이 남은 꿈이다. 하기야 투자한 것보다 소득이 적고, 쪼그리고 앉아 풀 한 포기도 뽑을 수 없다니 말 꺼낸 것만 서러울 뿐이다.

그렇다면 이 꿈은 어떠한가?

누구처럼 나도 제법 요리에 일가견이 있어, 6인 식탁을 차릴 구상이 끝났다. 당연히 모든 비용과 수고는 내가 전담한다. 먼저 식탁은 경치 좋은 베란다로 옮겨놓고, 해군이 주축이 된 레시피에 한우 등심을 기호에 따라 잘 익혀, 시원한 적포도주로 입가심을 한다. 후식은 계절을 초월한 과일과 발음하기 쉽지 않는 아이스크림이 준비 되어있다.

이런 자리 담화는 시부모의 통 큰 제안이 제격이다. '오는 추석 명절에 크루즈 여행을 예약했으니 시간을 좀 내라!' 이다.

그런데 이 꿈도 문제가 있다. 계획도 돈도 마음도 있는데 6인의 구성원이 아직 안되었다.

아쉽다.

이건 가능하다.

날마다 죽어라 연습은 못하지만, 이제는 제법 골프를 친다. 전번에 싱글멤버 8명이 필드에 나갔는데 홀이 어려워 버디는 나를 포함하여 2명밖에 못했다. 왜 스코어를 물어보시나요?

더구나 호적수 김모씨를 이기는 것이 꿈인데 이젠 가능하다. 야간 부킹을 하면 틀림없다. 그 선수가 밤눈이 좀 어둡다고 하니, 내 꿈이 이루어질 날이 멀지않았다.

백수의 꿈은 소박하다. 또 시간도 넉넉하여 계획, 실천, 결과의 성공확률이 거의 100%나 된다. 그래서 백수는 바쁘지 않아도 바쁘다. 말해야 하고, 오지 않는 카톡을 수시로 열어보고, 스펨까지도 반가워하며 산다.

지적하는 말

우리는 말 안하고 살 수가 없다. 나르는 솔개처럼, 바쁘게 살아가는 톱니바퀴 같은 세상 속에 사랑이란 이름으로 말하고 싶은 것은 마음속에 가득 차 있다.

한참을 살고 보니 얽혀진 인연은 많아지고, 보이는 것 모두가 지혜처럼 느껴져, 들어 주지도 않는 잔소리만 시도 때도 없이 메아리가 된다. 솔개는 푸른 하늘 높이 구름 속에 살지만, 오늘도 우리는 수많은 질문과 대답을 하며 부리와 입술로 지쳐가고 있다.

우리의 입은 많은 기능을 가지고 있다. 그 중에 하나, 하고 싶은 마음을 표현하는 것은 솔개나 인간이 같은 모양이다.

그러나 같은 입을 가지고도 다른 결과를 만들고 있으니 말만 많아져 물에 빠져도 입만 뜬다는 젊은이들의 지적이 무척 아프다.

어느 성공하신 목사님 간증하시는 말이다.

개척교회시절에 늦게 예배에 참석한 성도에게 '그렇게 교회 나오려면 차라리 그만 두세요.'라고 말했더니, "그렇지 않아도 때려 치려고 했습니다."라고 답했단다.

그런데 지금은 그런 성도에게 "무척 바쁘신 가 봅니다. 이렇게 늦으면 대부분 나오지 않는데 오시는 것을 보니 믿음이 좋습니다."라고 말하자 다음 주일부터는 더 일찍 나오고 있다고 한다.

같은 마음이지만 지적이 다르면 결과도 다르다. 긍정적인 지적은 긍정적인 결과를 만들고, 부정적인 지적은 반발심만 키우고 기를 죽인다.

국민들의 신임을 얻어야 주어지는 권력을 위해 싸우는 정치인이지만, 너무 가파른 말들이 오히려 자충수가 되고 있는 것을 요즈음 더 자주 보고 있다. 아마도 또 다른 정치 계절이 가까워지고 있는 모양이다.

누구를 탓할 것도 없다.

말로 밥을 먹는 교육자인 나도 무심코 잘못 뱉어진 말 때문에 긴 터널을 지나오기도 했고, 오늘은 갑이 되어버린 아내의 마음 하나 어루만지지 못해 갈 곳 없는 외출을 자주하고 있다.

누군가 말 하더라. 거친 말은 뜸을 들이라고.

설익은 밥도 조금 더 기다리고, 밥통 속에 넣어두면 먹을 만 해진다는 것이 누구나 다 아는 지식이다.

우리의 말도 더 많이 마음속에서 뜸을 들이자. 익지도 않는 날선 지적을 맛있게 먹지 않는다고 사랑이나 나이로 강요는 하지 말자.

오죽했으면 우리가 땀 흘려 이룩한 이 나라에서 지하철도 젊은이들 눈치 보며 타고 다녀야할까?

내가 어제 뿌린 씨 오늘 거둔다고 생각하자.

설령 다른 사람이 뿌렸으면 또 대수인가? 그들이 나고 내가 또 그들이 될 수 있으니 말이다.

오늘도 솔개의 부리처럼 내 입은 지쳐가고 있다. 뜸들이고 긍정적인 지적을 할 수만 있다면 자식도 정치도 내 아내도 평온한 하루가 될 것이다.

그늘은 있다

사람들은 자신이 속한 환경 속에서 살아간다. 하지만 같은 환경이라도 다른 삶을 살아가는 사람을 자주 본다.

우리는 환경 때문에 다른 삶을 살아가는 것이라기보다, 그가 갖고 있는 인생관이나 가치관이 자기 삶의 방향을 결정하는 중요한 요인이라고 생각한다.

그렇다고 누구나 뚜렷한 인생관이 있는 것은 아니다. 삶에 부대끼고 정신없이 살다보면 찬밥 더운밥 가릴 틈이 없어 이렇게 저렇게 살 수도 있다. 그러나 어떠한 상황 속에서도 나름대로 가야할 방향과 기준을 정하고 살려고 한다.

세상엔 완전한 의인도 없고 구제 못할 악인도 없듯이, 아무리 잘 나가는 사람도 한번쯤은 그늘이 있다.

빛이 있는 곳에는 그림자가 있다. 하물며 100년 인생을 살다보면 그늘 또한 그림자처럼 떼고 싶어도 뗄 수 없어 늘 붙어 다닌다.

'밤차', '미소를 띄우며 나를 보낸 그 모습처럼' 등 많은 히트곡을 남긴 가수 이은하를 기억하는가? 한 때는 10년 연속 10대 가수로 이름을 날렸었다. 그런데 그녀에게 찬란한 빛만큼 그림자의 그늘이 짙고 길게 이어지고 있다. 쿠싱증후군이라는 척추 분리병으로 몸은 알아보기 힘들게 변했고, 아버지 사업 때문에 2번의 파산을 겪고 나서 지금은 90넘은 노부모와 함께 하루하루를 힘들게 살고 있다.

한 때 성공했던 사람들의 이야기는 쉽게 빨리 퍼진다. 그래서 모두들 대박이나 벼락부자를 동네 개 이름처럼 가볍게 말한다.

그런데 우리가 간과하고 있는 것이 있다. 그들이 성공하기 위해 흘렸던 눈물이나 땀방울에 담긴 숨겨진 사연을.

그리고 성공한 이후에 이어지는 잊혀진 이야기를.

또 많은 사람들은 자기가 살아온 삶이 힘들었다고 한다. 그래서 쓸 수만 있다면 소설 한권은 된다고 한다.

헤르만 헤세는 인생은 안개 속을 거니는 것처럼 서로를 잘 알지 못하고 산다고 했다. 그래서 살아있다는 것은 고독하고 외롭단다. 함께 살아가지만 결국은 혼자이기 때문에 자신에게 드리워진 오늘의 그늘도 혼자 감당해야 한다.

혼자 밥이나, 영화, 술, 산, 여행을 할지라도 너무 즐기지는 말고 견디어낼 수 있을 만큼만 혼자 지내자. 그래도 그늘은 함께 이겨내는 것이 가볍다.

온전히 나를 이해해 주지 못할지라도 곁에 있어만 주거나, 들어만 주어도 위로가 된다. 울음도 삼키지 말고 뱉어내야 피멍이 지지 않는다고 하니, 오늘은 잠시 우리의 귀와 마음을 그늘진 그들에게 빌려주는 여유를 가져보았으면 좋겠다.

볶음요리 변명

며칠 전 평교사 때부터 함께 근무하며 가까이 지냈던 선생님이 오랜만에 전화를 해 기분이 묘한 말로 하소연을 했다. "교장선생님, 선생님들 볶지 마세요." 나와는 상관없는 이야기라고 생각하며, "그래 요즈음 선생님들 잘 볶아지지도 않고, 잘못하면 타버리던데!" 하고 웃고 말았다. 그런데 그 말이 여운을 남기고 마음에 남아서 결국은 내 볶음요리 레시피를 만들고 말았다.

맛있는 볶음요리의 핵심은 첫째 다양하고 신선한 재료, 둘째 불의 강약, 셋째 조리 시간에 있다. 아무리 신선하고 다양할지라도 서로 궁합이 맞지 않으면 갓 쓰고 넥타이 맨 꼴이 된다. 또한 처음부터 불이 너무 세면 재료가 익기 전에 타버리고 너무 약한 불로 익히다보면 재료가 물러져서 식감이 떨어지게 된다. 이름 있는 요리사는 자기의 요리를 고객이 오기 전에 조리하지 않는다. 적절한 시간에 시작하여 음식을 음미할 마음과 태도가 준비가 되면 친절한 시식방법을 곁들여 요리를 내놓는다고 한다.

학교를 볶음요리에 비유하면 조금 지나칠 우려가 있으나 본질을 이해하는데 도움이 될 것 같아 조금 무리를 해보았다.

가장 중요한 구성원인 학생과 교직원은 요구와 목적이 다르며 그 특성도 다양하다. 학교볶음요리의 재료인 구성원의 공통점은 획일적이지 않고 간섭 없는 자유를 선호하고 있는 것 같다.

그런데 요리사인 교장으로 발령을 받고 보니 교육이라는 이름으로 볶음요리를 하게 된다. 학교볶음요리의 어려움은 학교장이 직접 학생을 가르치는 기회가 거의 없어, 선생님을 입으로 볶아서 의도하는 요리를 만들어야 하는데 있다. 요리사가 의도했던 잘 만들어진 볶음요리도 좋아하지 않는 구성원이 있는데, 하물며 성공하지 못한 요리의 책임은 고스란히 학교장 책임이 되고 만다.

그래서 현명한(?) 어떤 사람은 전임자의 전철을 그대로 답습하거나 무리수를 두지 않는다. 하지만 나무가 움직이지 않으려 해도 바람이 흔들어댄다. 성과와 혁신을 추구하는 상급관청의 지침이 있고, 자기의 목숨처럼 자식의 미래를 걱정하는 학부모의 요구도 날로 커져가고 있음을 스쳐가는 듯한 바람결에도 느낄 수 있다.

같은 자격증이 있다고 똑 같은 요리를 만들 수는 없다. 교육경험이 많고 능력이 있는 구성원 집단의 학교에서는 요리사의 강한 의지가 반영된 볶음요리는 많은 어려움이 있다. 자연 친화적이고 재료의 특성을 살리는 쌈밥 같은 요리가 더 잘 어울릴 것 같다. 그러나 여기에도 문제는 있다. 잘못하면 직무 유기된 요리사가 되거나, 좋다고 칭찬하던 입으로 무능하다는 명찰이 달려 설자리를 잃을 수도 있다.

갑자기 '가족과 떨어져 혼자 밥해먹으며 위만 쳐다보고 살았던 4년의 강화 섬 생활과 위 · 아래로 부대끼며 눈치 보기에 힘들었던 교무의 고달픈 영상' 이 왜 여기서 떠오르는지 모르겠다.

이제 얼마 남지 않는 교육자로서의 여정을 정리하려는 길목에 서있는데, 멀리서 들렸던 연금개혁의 소리가 하소연 할 데 없는 폭풍으로 가슴에 몰아치고 있다.

볶음요리나 쌈밥이나 그래도 먹을 수 있는 곳에 있는 배부른 자의 타령이라는 시샘어린 비방이 될 수도 있으나, 발등에 떨어진 불은 어떤 형태로든 정리해야하는 위치에 서있는 자로서 책임이라는 말을 실감한다.

너무나 벅찬 효녀 심청

9월 1일자로 담방초등학교에 발령을 받아 새로움의 설레임과 낯설음의 스트레스를 두 달 동안 통과의례처럼 겪고, 이제는 조금 적응하여 이렇게 여유있는 즐거움을 누리고 있다.

꽃과 아이들이 무작정 예쁘게 보이면 나이가 들었다는 말이 있다. 그런데 이곳 아이들은 다른 어떤 곳보다 더 착하고 순수하다는 생각을 많이 한다. 더구나 '효도 하겠습니다' 하고 일부러 달려와 인사를 하거나, 체육 수업 중에 인사를 할 때면 수업을 방해한 미안함에 선생님 보기가 민망하여 얼른 발걸음을 돌리곤 한다.

많은 학교에서 효교육을 위해 '효도하겠습니다' 라는 인사말과 배꼽인사를 실천하고 있는 것 같다. 매우 바람직하다는 생각이다. 더구나 나이 좀 들었다는 어른들이 자신들의 처지를 '효도하는 마지막 세대이며, 효도 받지 못한 첫 세대이다' 라고 한탄하는 말을 할 때면 평생 교육에 몸담아온 내가 부끄러워질 때가 많다.

효교육은 꼭 필요하다. 하지만 목적만을 강조한다고 효교육이 잘 이루어지거나, 우리 어린이들이 인사말처럼 효도를 잘 한다는 보장이 없다. 어떻게 하는 것이 효도인가를 쉽고 명확하게 가르쳐 주는 것이 효교육의 출발점이 되리라 본다.

내 고향은 우리나라 맨 남쪽 땅끝 마을인 해남이다. 백 여 호가 따뜻한 산 아래에 자리하고 있는데, 오래전부터 전설처럼 전해오는 효자 이야기가 있다. 동네방네 모든 어른들이 부러워하는 효자와 불행히도 집안에서 늘 큰소리가 끊이지 않으며, 많은 사람이 혀를 쯧쯧 차며 손가락질하는 불효자가 살고 있었다.

불효자도 사람인지라 나이가 들면서 철이 들었는지 효자를 닮고 싶은 생각이 들었다. 그래서 어둠이 내리는 저녁 때 효자네 집을 몰래 찾아가 집안을 훔쳐보았다.

불효자는 정말 놀라운 광경을 보았다. 효자 어머니가 효자 아들의 발을 씻어주고 있는 게 아닌가! 조금 떨어져 있기 때문에 무슨 말인지 잘 들리지 않지만 서로 웃는 모습은 무척 행복해 보였다.

효자노릇 별거 아니구나! 나도 효자 한번 되어봐야겠다는 생각에 집으로 달려가 저녁 준비에 바쁜 어머니를 불러 발을 내밀고 씻어 달라고 했더니, 화가 머리끝까지 난 어머니가 불이 붙은 부지깽이를 들고 달려 나와 "이놈이 나이가 들어갈수록 더 불효자 노릇하는구나!" 하고 소리치며 아들을 때렸다고 한다.

같은 행동을 했는데도 한사람은 효자, 또 한사람은 불효자가 된 사실이 어려서는 이해되지 못했는데, 이제 와서 생각해보니 '부모님의 마음을 기쁘게 하는 것이 효도' 라는 깨달음이 들었다. 평소에 부모님의 마음을 기쁘게 한 효자를 위해, 사랑하는 마음이 넘쳐나는 어머니가 일하느라 힘든 아들의 발이라도 씻어 주고 싶은 것이 어머니의 기쁨인 것을 깨달아 자기 발을 맡겼던 것이다.

그러나 불효자의 경우는 날마다 부모님의 마음을 아프게 하였는데, 발까지 씻어달라고 하니 어머니가 슬프고 화가 나지 않을 수가 있을까?

우리는 효도하면 효녀 심청을 모범으로 여겨 말한다. 아버지의 눈을 뜨게 하기 위해 자신의 몸을 인당수의 제물로 팔아 죽겠다는 마음은 세상의 누구도 흉내낼 수 없는 효도이다. 하지만 심봉사가 눈을 뜨고 나서, 자기 때문에 심청이 죽었다는 것을 안다면 아버지의 마음이 기쁨이 될 수 있을까? 죄책감을 이기지 못해 따라 죽는다든가 평생을 슬퍼하며 살아간다면 우리가 추구하는 효도의 길은 아닐 것 같다.

자식이 힘들거나, 불행해지거나, 너무 아파하는 것을 원하는 부모는 없다. 우리의 효도하는 방법은 자신이 날마다 건강하고, 안전하며, 더 나은 발전을 위해 열심히 노력하면서 부모님과 함께 기뻐하는 생활이 우리가 감당할 수 있는 효도의 길이라는 생각을 해본다.

감성열차 안전수칙

귀가 있어도 듣지 못하는 사람이 있다. 그래서 길이나 언론에서 수없이 외쳐지는 함성이나 말들이 가을 낙엽처럼 떨어져 발에 치이거나, 연기처럼 흔적 없이 흩어져 버리고 만다.

마음이 없으면 보아도 보이지 않고, 들어도 들리지 않는다. 젊은 사람들이 가장 싫어하는 '옛날에는…' 날마다 끼니를 걱정하며, 건너뛰기도 하고, 불편한 생활을 숙명처럼 인내하며 내일을 기다리며 살았다. 그래도 옳고 그름에 인색하지는 않았고, 자식의 잘못된 행동에 회초리를 들면서 속으로 눈물을 삼키는 부모들이 많았다.

세상은 너무 많이 빠르게 변했다. 요즈음 은퇴하는 베이비부머들이 견딜 수 없는 허전함을 드러내놓지도 못하는 가슴앓이로 늙음의 속도를 더 내고 있는 것 같다. 국가나 가정의 주도권을 빼앗긴 것은 어쩔 수 없지만, 애물단지 스마트폰에 대한 부적응, 참을 수 없는 사랑으로 행해지는 잔소리에 대한 거부, 자기의 이익만 생각하는 것 같은 많은 시위와 주장들에 대한 안타까움이 바로 그것이다.

들리지 않는 귀를 열려면 마음을 움직여야 한다. 마음은 옳고 그름에 잘 움직이지 않고 따뜻한 감성에 반응하고, 따뜻함이란 상대의 감정에 공감하고 지지한다. 처세학자들은 현명하게 오늘을 성공적으로 살려면 IQ, SQ, MQ를 넘어 NQ를 키워야 한다고 주장한다. NQ란 Network Quotient로 관계지수 또는 공존지수라 한다. 이를 향상시키려면 이성보다 따뜻한 감성이 더 필요하다.

그래서인지 너무 지나칠 정도의 감성적인 사람들이 우리 주변에 넘쳐나고 있다. 지난 세월동안 억눌렸던 솔직함이 보상을 넘어 반발하면서, 제동장치를 조롱하기라도 하듯 한계 없이 터져 나와 서로에게 상처를 키우고 있다.

옳고 그름보다 좋고 싫음이, 개인을 넘어 사회나 국가의 의사결정에 기준이 된다면 우리의 미래는 어두워진다. 피할 수 없는 감성세대에 살고 있지만 이제는 이성이란 조그마한 날개라도 만들어 보자. 싫은 사람 때문에 함께 먹던 우물에 침을 뱉으면 한순간 기분은 시원해지지만 시간이 지나면 다시 그 물을 먹을 수밖에 없다는 것이 세상 살아본 사람들의 충고이다.

'누군가 해야 할 일이라면 내가 하고, 언젠가 해야 할 일이라면 지금하며, 어차피 해야 할 일이라면 웃으며 하자' 라는 말에 공감한다. 나는 지금 행복하다. 정년이 얼마 남지 않았지만, 보람 있는 교육자의 길을 큰 대과없이 달려왔음에 감사한다. 가끔씩 힘들었던 어두운 터널이 사라진 것은 아니다. 다만 그 터널을 혼자 걷고 있는 것이 아니라는 것, 그리고 그 터널 끝에는 빛이 있다는 것을 알기 때문이다. 지금은 깜깜해도 빛을 향해 걷고 있으니까!

인생의 마라톤

나는 달리기를 좋아한다.

그렇다고 잘하는 것은 아니다. 더구나 좋은 성적을 거둔 적도 없다. 먼 거리를 달리는 과정에서 부딪히는 육체적 한계와 심적 갈등, 옆을 스쳐 앞서가는 사람, 벌써 반환점을 돌아오는 사람을 보면서 내 인생을 생각한다.

사람마다 인생을 시작하는 출발점은 다르다. 부모를 잘 만난 사람은 경제력, 재능, 배경, 신체적 대물림까지 유리한 조건에서 조금 앞서서 출발한다.

마라톤도 마찬가지다. 출발신호는 같지만 출발선은 조금씩 다르다. 수많은 사람이 같은 선에서 동시에 출발할 수 없기 때문이다.

인생이나 마라톤에서 앞서 출발한 사람이 반드시 결승선에 먼저 도달하지는 않는다. 선두에 선 사람은 남 보기는 좋지만 많은 어려움을 견디어 내야 한다. 쫓기는 불안, 자기 앞에 아무도 없기에 느끼는 고독감, 자기 능력을 초과하는 오버 페이스 등.

그래서 초반 레이스에 선두에 섰던 사람이 우승은 고사하고 완주도 못하고 포기한 경우가 다반사다.

인생과 마라톤에서는 유리한 출발보다 더 중요한 것이 있다. 그것은 힘들 때 포기하지 않고, 쓰러져도 다시 일어나는 인내와 용기가 있어야 한다. 지나치게 앞서가는 사람을 바라보면 자기 페이스를 잃어버린다.

그래서 나는 내 발끝만 보거나, 바로 앞사람 등만 보고 달린다. 목표는 결승선이 아니라 눈앞에 있는 사람이다.

간혹 자기 자신에게 주어진 짐의 무게가 힘에 겨울 때가 있다. 또 자신보다 잘 나가거나 편하게 사는 사람이 부러워 중도에 포기하고 싶어지기도 한다. 그럴 땐 인생을 마라톤이라 생각해보자.

아직 우리는 달리는 길에 있다. 앞서 간다고 꼭 먼저 가는 것이 아니다. 그들은 뒤에서 쫓아오는 나를 두려워하고 있는지도 모른다. 내가 내 분수를 잃지 않고 달린다면 완주는 물론 그들에게 내 등을 보여줄 수 있다.

아직 우리의 인생 마라톤은 끝나지 않았다. 내가 지금 조금 느리게 달리고 있는 것은 마지막 스퍼트를 위해 힘을 비축하고 페이스를 조절하고 있는 것이다.

처음에 웃는 자보다, 마지막에 웃는 자가 행복하고 참 승리자이다.

먼저와 나중

사람은 태어나면서부터 참 많은 일을 해야 한다.

그러다보니 일중독이 되어 아무 일도 안하고 있으면 불안하고 무언가 잘못 되었다는 생각에서 벗어나지 못한다. 같은 일을 하면서도 늘 허둥대고 일처리가 늦어 잔소리를 들으며 힘들게 사는 사람이 많다.

나는 한 때 행정학도였다. 조직의 성과를 높이려면 합리적이고 능률적인 의사결정을 해야 한다. 의사결정의 핵심은 우선순위이다. 즉 먼저 할 것과 나중에 할 것을 구별해야 하는 것이다. 한정된 시간, 예산, 인력인 까닭에 현명하지 않으면 열매가 작고 만족도도 미흡하게 된다. 우선순위의 기준은 중요한 것, 전이도가 높은 것, 많은 사람에게 해당하는 것이다.

가족이 여행을 가기로 한날 아침이면 성질 급한 나는 일찍 일어나 준비하여 차 빼놓고 기다린다. 두세 번 뒤차 때문에 자리 비껴줘도 소식이 없으면 슬슬 열이 오른다. 물어보나마나 가장 마지막에 나오면서 밀린 설거지하고, 불 끄러 갔다가 흩어진 침대 정리하느라 정신 깜박 하는 게

분명하다.

대부분 여자들은 중요한 일보다 눈에 보이는 일을 먼저 한다. 하기야 어차피 자기가 해야 할 일이니 뒤로 미룰 수 없는 것은 당연하다. 그래도 그렇지 다른 가족 다 나와서 기다리고 있는데 정신 줄 놓고 할 일 다하고 나오면 어쩌란 말인가!

어렸을 때 일이다. 그때는 시냇가에서 홀라당 벗고 물놀이를 했다. 누군가 '여자들 온다' 하고 소리치면 빨리 옷을 입어야 한다. 그런데 두 살 더 먹은 한 선배는 꼭 옷을 윗옷부터 입는다. 그래서 우리 동네 여자들은 그 형의 중요한 것을 모두 다 보았다고 소문이 자자했다. 그래도 그 형 서울에 와서 결혼 잘하고 지금도 잘 살고 있다.

나라도 마찬가지다. 지도자는 정책을 결정하고 추진할 때 우선순위를 잘 정해야 한다. 너무 지엽적인 것에 집착하거나 인기에 영합하다보면 그 많던 환호도 금방 비난이 되어 뒤통수를 친다.

우리는 보았다. 지금은 가물가물 하지만, 정권이 바뀔 때마다 부르짖었던 쇄신, 혁신, 전봇대 뽑기 등이 지금 어디에 있는지를….

이 지구상에 그래도 성공한 제도는 민주주의라고 한다. 모두가 원하는 지도자나 만족한 법이나 정책따위는 없다. 그래서 다수결로 의사를 결정한다. 선거를 하거나 심지어 헌재의 결정까지도.

가끔 재판에서 기각이 되거나 무죄가 선고되면 자기가 아무 죄가 없는 것처럼 설치는 사람이 있다. 죄가 없는 것이 아니라 그 죄를 처벌할 법이 아직 없다는 행운을 알아야 한다.

사람이나 상황에 따라 우선순위가 달라지기도 한다. 그것은 기준이 다르기 때문이다. 그래서 그 기준을 잘 정하는 사람이 주식시장에서도, 사회생활에서도 마지막에 웃고 나온다.

은행나무의 푸념

참 좋은 계절이다.

돈 절약하느라 그 무더위에도 에어컨 조금만 틀고 참느라 힘들었다. 그런데 이젠 좀 쌀쌀하지만 상쾌한 아침공기가 늘어지고 무디어진 감각을 깨우니 살맛이 난다.

이 좋은 계절에 말없이 우리 곁에 있는 친구가 열탕과 냉탕을 오가느라 힘들게 견디며 푸념을 하니 한번 들어보자.

노랗게 물들어가는 잎을 보며 온갖 찬사와 추억을 만드는 열탕의 지지자와 누구나 거부할 수없는 인간의 배설물을 닮은 열매의 향기를 유달리 코까지 잡아가며 냉대하는 사람이 많단다.

하소연은 또 길어진다. 길옆에 서 있고 싶으냐? 언제 물어보고 이곳에 살게 하지도 않았으면서, 여름 내내 자기들이 내품는 매연 마셔가며 내가 할 일 열심히 했더니 무슨 말들이 그렇게 많은지 모르겠다. 그래도 나는 참는다. 메뚜기도 한철이니, 한 달 잘 견디고 이곳 구청장만 바뀌지 않으면 이리저리 가라는 성화는 안하니 남은 세월 눈감고 지내련다.

그런데 말이다. 내가 입은 없으나 귀는 있다. 요즈음 많이 들려오는 이야기가 사드와 북핵이다. 김정은이 서울에 핵을 발사하면 280만이 죽는다면서도 별로 걱정을 안 한다. 오늘 먹고 사는 것을 더 많이 이야기 하니 무엇이 중요한지 모르겠다.

그건 그렇고 어느 학부모의 푸념이 씁쓸하지만 상당히 공감이 갔단다.

초등학생 딸 하나 키우기 위해 맞벌이 하며 열심히 살고 있는데, 며칠 전에 담임 샘이 전화를 했단다. 딸이 학업이 부진하니 부모님이 집에서 좀 가르치라고 한다.

좀 황당했단다. 전교 1등을 바라지도 않았고, 학교에서 정한 성취기준까지 도달시키는 것이 학교의 의무고 더구나 월급까지 받는 선생님들의 할 일인데….

더구나 어떤 사람은 세금도 안내고 잘 살고 있는데, 자기는 국민의 4대 의무인 국방, 납세, 근로, 교육 의무를 성실히 수행하고 있다고 한다.

나도 사드나 북핵을 별로 걱정 안한다.

트럼프가 우리를 보호해 줄지, 김정은이가 정말 핵을 발사할지 모르지만, 내가 찍어주고, 권력주고, 정보도 주고, 돈까지 주었는데 그들이 잘 알아서 할 것이라 믿는다. 탄핵 당하고 감옥 가는 것을 보았는데 아직도 정신 차리지 못한 사람이 있다면 나보다 그들이 먼저 힘들 것이기 때문이다.

어쨌든 나의 푸념이 길어졌지만 오늘 날씨 참 좋고 살맛이 살아나고 있다.

흔들리며 피는 꽃

'꽃은 시련과 역경을 딛고 피어나기에 더욱 아름답다.' 고 도종환 시인은 말한다.

어려움에 처한 사람들도 그것을 극복하면 인생의 멋진 꽃을 피워낼 수 있다는 말이다. 그래서 흔들리자는 말은 아니다. 누구나 시작할 땐 바르고 올곧게 살아보려고 한다. 소망한 대로, 계획한 대로 결과가 이루어지길 바라지 욕먹거나 손가락질 당하고 살고 싶은 사람이 어디 있겠는가?

한 번도 넘어져 보지 않는 사람은, 한번 넘어지면 쉽게 일어나지 못한다. 넘어지는 아픔은 아무리 더 나은 미래를 위한다지만 아프고 힘들다. 겨울에 대관령에 가서 스키를 잘 타려면 먼저 안전하게 넘어지는 법을 배운다. 초보자이기 때문에 넘어지는 것이 아니라, 잘 타는 사람도 넘어지기 때문이다. 어쩌면 안전하게 잘 넘어질 수 있기 때문에 넘어지는 것을 두려워하지 않는지도 모른다.

나도 짧은 글을 쓰면서 많은 것을 배웠다.

오늘이 94일째이니 내 능력으로는 대단한 걸음을 한 것 같다. 시작은 무언가 재미있고 읽을 만한 이야기를 써야겠다고 생각했다.

그런데 50일을 지나가자 쓰고 싶은 소재가 생각나지 않아서 몇 번이나 넘어졌다. 함께 공감하면서도 다른 시각에서 보려고 고민하고 있다. 이제 조금만 견디면 100일이 된다. 높지는 않지만 그래도 인생 제2막에서 이룬 첫 번째 성과란 점에서 마음이 바쁘고 가슴이 설레인다.

연예인 안선영은 가까운 친구에게 3억을 사기 당하고 힘들어 할 때, 선배 다산왕 김지선이 '언니는 10억을 사기 당했다.' 는 말에 위로를 받았단다. 나만 넘어지는 것이 아니라 멀쩡하게 앞서서 잘 나가고 부러워한 사람도 수없이 넘어졌단다. 단지 그가 내 앞에 있을 수 있는 것은 다시 일어섰기 때문이다.

내가 사랑하는 자식이나 후배들에게 물려주고 싶은 것은 얼마의 재산이나 무임승차 할 수 있는 기회가 아니다. 탈무드의 교훈처럼 '한 끼 식사가 아니라, 한평생을 살아갈 수 있는 고기 잡는 법' 을 남기고 싶다.

가르친다고 다 배우지 못한다. 내가 말없이 보여주는 내 삶의 굳은 손과 주름의 흔적에서 깨닫기를 바랄 뿐이다.

미생

'미생' 이란 이름으로 윤태호의 원작 만화를 TV에서 드라마로 만들어 크게 히트했다. 바둑에서 미생이란 완전히 살기위해 독립된 두 집을 만들어야 하는데 그렇지 못한 돌을 미생마라 한다. 우리가 사는 세상도 미생이 되지 않으려면 경제적 자립은 물론 가정도 이뤄야 한다는 것이 상식이다.

오랜 세월 배우고 준비했지만 세상에 나가 적응하고 살아남기란 쉽지 않다. 이미 세상은 안정된 틀이 잡혀져 있고 톱니바퀴처럼 잘 돌아가고 있어, '미생' 이 비집고 들어갈 틈새가 쉽게 보이지 않는다.

세상에 첫발을 내딛는 자녀들이 원하는 직장에 오랫동안 들어가지 못할 때, 부모의 마음은 애가 탄다. 오죽했으면 자식에게 부모의 자리를 내주고 싶다는 말을 했을까!

괜찮은 회사에선 인턴이란 이름으로 계약직 사원을 뽑는다. 아는 친구의 자식도 S사에 인턴으로 들어갔다.

부럽고, 부러웠다.

그런데 2년 뒤에 그만 두었다는 후문이다. 그만둔 것이 아니라 정식으로 채용되지 않았다는 것이다. 내가 아는 상식으론 인턴을 거치면 자동으로 정식직원이 되는 줄 알았는데 아닌 모양이다. 아무리 좋은 대학을 나오고 스펙이 좋아도 세상은 뜻대로 잘 되지 않는다. 딱 정답이 정해져 있지 않으니 난감하고 힘들다. 하는 일도 그렇고, 모시는 상사의 성격이 예측불허라 고지식하고 정답만 암기한 미생은 악전고투가 불 보듯 뻔하다.

그래서 우리는 '대마불사'를 좋아한다. S, H, L 같은 큰 회사는 망할 염려도 없고 페이도 만만치 않기 때문이다. 그런데 요즈음은 그것도 불안하다. 장기 같으면 왕이 잡히면 벌써 게임은 끝난 것이다. 다행히 미생이 살아가는 바둑판에서는 왕은 없고 살아있는 집의 수로 계가를 한다.

분갈이한 분재는 아무리 잎이 좋고 꽃을 피워도 미생이다. 2년이 지나봐야 생사를 알 수 있단다.

힘들지만 미생 자식을 닦달하지 말고 기다리자.

직장이든 결혼이든….

두 집 내고 완생할 날을 기원하며.

그래도 너를 믿는다

'믿음' 만큼 좋은 것은 없다.

신앙을 가진 사람은 신에 대한 절대적인 믿음이 삶의 시작이고 끝이다. 결혼 전에 맺은 친구의 우정도 믿음이라는 오랜 검증을 통해야만 계속 이어질 수 있다.

자식에 대한 믿음은 시작이야 부모가 만들어 주지만, 길은 자기 힘으로 열어야한다. 자식이 혼자 설 수 있다는 믿음이 들 때가 되면 부모는 행복하다. 그래서 곁을 떠나보낼 수 있고 또 한걸음 뒤로 물러나 지켜보는 여유가 생긴다.

세상사를 닮았다는 야구도 믿음이 중요하다.

야구는 투수가 더 유리하다. 투수가 언제나 최선의 투구를 할 수만 있다면 그 공을 칠 수 있는 타자는 거의 드물다. 그러나 어떤 투수도 실투를 한다. 그것도 한 회에 몇 번씩. 자신을 믿고 투수의 실투를 기다리며 준비하고 있으면 기회는 온다.

싸움은 기다리는 것부터 시작이다.

상대가 강할 때는 나의 모든 것을 쏟아 부어도 승리를 장담할 수 없다. 오냐오냐 놔들 놈이 있고, 잘근 잘근 밟아줘야 할 놈도 있다.

'사소취대' 라는 말처럼 작은 것을 버리고 큰 것을 취해야 한다. 그런데 그것도 어렵다. 어느 것이 크고, 어느 것이 작은 것인지를 알아볼 수 있는 눈이 있어야하기 때문이다.

믿고 싶은 사람에게 하고 싶은 말은 끝이 없다.

기초가 없으면 계단을 오를 수 없다. 기초 없이 이룬 성취는 단계를 오르기는 올라도 오르는 것이 아니다. 성취 후 다시 바닥으로 돌아오게 되어 있다. 이런저런 이유로 도망치듯 길을 선택하면 안 된다. 문제를 정면으로 보고 돌파해야 한다.

이제 우리 자식들도 나이로는 벌써 우리 곁을 떠나야 한다.

아직도 망설이고 두려워하며 세상을 정면으로 바라보지 못하는 것은, 우리가 그렇게 가르치고 염려하고 있기 때문이다. 자기도 확신하지 못한 것을 가르쳐서는 안 된다. 내가 확신하고 믿는 것을 말 할 때 그들도 믿을 수 있다.

그래도 나는 너를 믿는다.

아니 믿을 수밖에 없다. 세상은 모든 준비를 다하고 출발하는 것은 아니다. 때론 부딪히면 길도 열린다. 비록 길 찾기가 어려울지라도 손쉬운 이름이나 부모 얼굴은 자주 팔지 않았으면 좋겠다. 작은 사람은 눈앞의 이익에 목메지만, 큰 사람이 되려면 믿음을 남겨야한다.

모든 것은 앞을 향해 나아간다. 그 끝에 어쩔 수 없는 수렁이 있을지라도.

우리는 오늘도 그 길 위에 서 있다.

적당히 잘난 것

요즈음 들어 금수저, 흙수저 논쟁이 심심치 않게 들려온다.

금수저를 비난하지만, 흙수저를 자기 자식에 물려주고 싶은 부모는 없을 것이다. 그러나 내가 왜, 누구의 자식으로, 어디에서 태어나는 것을 결정할 수 없다는 것은 말하지 않아도 누구나 다 알고 있다. 그런데 말이다 물려받은 것이 금수저였는데 흙수저로 살고 있는 사람도 있고, 흙수저로 태어났는데 지금은 금수저로 살고 있는 사람도 더러 보았다.

참 잘난 금수저를 알고 있다.

국회의원이란 배지만 달고 있으면 여야를 가리지 않고 순실이 정도는 아니지만 누구나 꼬박 죽어주는 시절의 권세를 가진 금수저의 자식이었다. 더구나 세상도 불공평하게 잘 생긴 외모에 공부까지 잘해서 S대를 나와 사법고시까지 패스하여, 너무나 잘난 얼굴 쳐다 보는 것도 조심스럽단다.

그런데 이건 또 뭔 일이래요? 그 잘난 국회의원님은 4선 후에 줄줄이

낙선하여 그 많던 재산 다 말아먹었고, 금수저 아들은 조금 무리하여 선택한 줄이 꼬여 콩밥을 2년인가 먹었다고 한다.

여자도 너무 예쁘게 태어나면 어려서부터 주위에서 너무 칭찬을 많이 해서 눈만 올라가고 심성은 곤두박질치고 만다. 더군다나 탐내는 사람이 너무 많고 유혹이 끝이 없어 한번 삐끗 잘못하면 여러 사람을 전전한 경우를 쉽게 본다.

너무 잘난 남자는 또 어떠한가!

신체적 능력뿐만 아니라 뛰어난 재능도 너무 잘나면 주위에서 은근히 시샘하거나 불편해 하는 사람들이 많다. 그래서 '소년 등과'를 인생의 3대 불행 중 하나라고까지 한다. 너무 일찍 출세하면 적이 많고 또 오래 그곳에 머물거나, 더 이상 올라갈 곳이 없게 된다.

누구나 스스로 교만해지거나 올챙이 적 초심을 잊어버리면 결과는 뻔하다.

세상 참 어렵다.

더 많고 높은 최고의 것을 추구하면서도 너무 잘나도 안 된다니!

나는 오늘도 기도한다.

'너무 잘나게도 마옵시고, 너무 힘들게도 하지 마옵소서.'

아름다운 동행

우리는 길을 가다 많은 사람을 만난다.

스쳐지나가는 사람도 있지만 오랫동안 함께 동행 하는 사람도 있다. 인생이란 큰 길에서는 모든 사람이 동행이 되겠지만, 내가 선택한 길에서 만난 사람은 조금 특별한 동행이라 할 수 있다.

낯설거나 먼 길을 갈 때는 혼자 가는 것보다 동행이 있으면 좋다. 그렇다고 함께 간다고 다 아름다운 동행은 아니다. 다시 만나고 싶지 않는 지겨운 동행도 있고, 같은 길이 끝나 아쉬운 동행, 낯 두껍고 속보이는 동행도 있고, 평생 잊기 어려운 아름다운 동행도 있다.

내 선배 이야기다.

인천이 직할시가 되기 전이었다. 그때는 교감 승진 대상자 중에서 3배수를 뽑아 자격시험을 보아 교감을 차출하였었다. 선배도 그때 시험 대상자가 되었는데, 가평 어디에선가 온 진모샘이 일찍 와서 시험장인 대

강당 복도에서 기다리다 잠깐 졸았단다. 정신 차려서 시험장에 들어가니 시작 전이지만 감독관이 곤란하다면서 수험생들에게 의견을 물었다.

서로가 경쟁대상자라 아무도 말을 안했는데, 선배가 나서서 특별히 잘못된 것도 아니고 한사람 더 시험 본다고 해서 큰 피해를 보는 것은 아니라며 말을 잘하자 다른 사람도 반대하지 못해 시험을 보았단다.

운이 좋았던지 두 사람 다 합격하였고, 그 때 그 인연으로 두 사람은 교장, 과장, 국장, 교육장을 번갈아 하면서도 서로를 챙기고 배려하는 끈끈한 관계를 오랫동안 유지해, 아는 사람들은 아름다운 동행이라고 부러워했다고 한다.

아름다운 동행에도 수칙은 있다.

오래 함께 하려면 자기 이익을 먼저 생각하거나 신뢰를 잃으면 안 된다. 그렇다고 너무 많은 것을 주어도 짐이 된다.

곁에 있어도 부담스럽지 않고, 없어도 있는 것처럼 서로 의지하고 믿을 수 있어야 동행의 꽃인 아름다움을 만들 수 있는 것 같다.

둘러보자.
나와 동행하는 사람 중에
아름다운 동행이 있었는지, 있는지….

강요할 수 없는 효

우리가 사는 세상에 3대 거짓말이 있단다. 첫째는 노인이 빨리 죽고 싶다는 것이고, 둘째는 장사치가 손해보고 판다는 것, 셋째는 처녀가 시집 안가겠다는 것이란다.

상황이 어쩔 수 없어서 그렇지 속마음은 하고 싶지 않다는 것이 진실인 모양이다. 사람이 늙으면 죽는다. 그냥 죽는 것이 아니라 아프거나 거동도 못해 누군가의 도움을 받다가 죽는다.

어제 본 TV에는 늙어서 가야할 곳이 실버타운인가?, 자식 집인가? 로 논쟁이 뜨거웠다.

가장 좋은 것은 미우나 고우나 그동안 함께 살아온 부부가 서로 의지하며 살다가 한날한시에 이 세상을 떠나는 것이다. 그러나 그것은 마른 하늘에 벼락 맞을 확률처럼 기적에 가까운 일이다.

이제는 선택을 해야 한다. 누가? 내가? 자식이?

너무 옳다는 것만을 말하지는 말자.

우리 부모들도 "말세다. 요즘 애들은!"하고 늘 말했단다. 그래도 외롭고 힘들면 생각나는 것이 자식이다. 눈을 감는 마지막 순간에 자식의 손이라도 잡을 수 있다면 한결 편한 마음으로 떠날 수 있단다.

내가 어떻게 부모님을 모셨든 지금 문제의 핵심은 자식에게 달려 있다. 그것도 딸보다 아들이다. 말이 아들이지만 사실은 희생의 당사자인 며느리이다. 그들도 자식이 있고 더 치열한 경쟁에 이기기 위한 끝없는 투자를 요구당하고 있다. 부모 부양보다 우선순위가 자녀 교육이다.

400만원을 월급으로 받는다 해도 생활비에 자녀 교육비, 집 융자비용, 경조사비를 빼고 나면 노후를 위한 저축은 생각도 못한단다. 거기에 부모님 병원치료비를 감당하기엔 효부라도 가슴이 덜컥 내려앉는다니, '시' 자 들어가는 음식도 먹기 싫다는 세상에 노부모 부양을 꺼내기란 쉽지 않다.

부모 재산이 좀 있는 사람 이야기다. 형제들이 모두 모여 '늙으신 부모님을 모시는 자식에게 남은 재산을 모두 주자.' 고 합의를 했단다. 그 뒤로 형제 서열이 바뀌었다고 한다. 모시는 자식이 언제나 당당한 1순위이고 다른 형제들이 늘 미안하다고 고개를 숙이고 있다고 했다.

조금 현명하다는 시월드는 말한다.

자기는 마지막 순간에 절대 자식에게 짐이 되지 않고 실버타운에 가겠다고 공언한다. 그런데 문제는 있다. 외로움을 견뎌야하는 것은 물론이고 돈이 있어야 한다. 보증금 1~2억 원에, 월 150만 원 정도는 내야 한다니 함부로 말할 사례는 아니다.

그러니 갑을 관계는 진즉에 바뀌었다. 눈치보기 싫으면 노년에 쓸 돈을 미리 모아놓거나 그것이 안 되면 몸 성할 때 손자라도 부지런히 본다면, 그래도 자식인데 심한 구박까지는 하지 않을 것이다.

그래서 연금이 있는 사람의 자식은 결혼 시장에서도 잘 팔린단다.

'노년 무전!' 이면 불행하다. 너무 자식에게 모든 것을 걸지 말고, 또 부양도 너무 강요하지 않는 것이 좋을 것 같다.

낙타에게 배우기

낙타는 하루를 시작하거나, 끝마칠 때마다 주인 앞에 무릎을 꿇는다고 한다. 아침에는 주인이 얹어주는 짐을 짊어지려고, 일을 끝마칠 때는 등에 있는 짐이 내려지기를 기다리며.

주인은 낙타의 사정을 잘 안다. 그렇기 때문에 낙타가 짊어질 수 있을 만큼만 짐을 얹어 준다. 그것을 알기에 낙타는 주인이 얹어주는 짐을 마다하지 않는다. 또 그 짐은 낙타 자신의 존재 가치를 보여줄 뿐만 아니라, 일을 다 마친 후에는 주인의 손에 의해 내려질 짐이기 때문이다.

우리는 하루를 시작하고 마칠 때마다 누구에게 무릎을 꿇어야할까? 누가 우리의 사정을 잘 알고 우리가 견딜 수 있을 만큼 짐을 지워줄까?

낙타만이 주인이 있는 것이 아니다. 우리에게도 주인이 있다.

하나님일 수도 있고, 가족, 돈, 직장, 국가 일 수도 있다. 믿는 대상이 다르고 믿음의 수준에 차이가 있으나 주인을 위해 무릎을 꿇는 모습은 어디서나 볼 수 있다.

낙타가 자신의 본분을 잊지 않고 주인 앞에 무릎 꿇는 자세, 매일 자신의 의무를 기꺼이 행하는 태도, 아무 불평 없이 지고 가는 모습에서 진정한 겸손이 무엇인가를 깨닫게 해준다.

나는 하루를 시작하는 아침에 하나님 앞에 무릎을 꿇는다. 내가 지고 가야 할 오늘의 등짐은 무엇일까? 그것이 곧 내게 축복임을 기대하며, 얹어주신 짐을 온힘 다해 성실히 지고 갈 것을 마음으로 다짐한다. 하지만 무릎 꿇을 때의 다짐이 자꾸 약해질 때가 많다. 온갖 이유를 밖에서 찾지만 조금 더 생각해보면, 결국은 내 문제이고 내가 해야 할 일이다. 완전하지 못한 인간인지라 넘어질 수밖에 없다. 실패란 일어서지 않는 사람에게 해당되는 말이란다.

회개란 말도 있다. 잘못을 반성한 것만이 아니라 잘못된 행동이나, 모습을 바꾸는 것이다.

어리석어 보이는 낙타가 무릎을 꿇고 순종하기 까지는 얼마나 많은 불평과 회개, 시간이 필요했을까?

아직

나에게도

기회가 있다.

기다려주는 사랑의 주인이 있고, 100살까지라는 남은 시간이 짧지 않기 때문이다.

처음보다 나중이

날씨 참 못견디게 덥다.

내 속에 아직도 나도 모르는 꺼지지 않는 정열이 남아 있는지 유독 다른 사람보다 더위를 더 못 견딘다. 어제 밤도 자다 깨다를 반복하다보니 아침이다. 그래도 하던 버릇이라 묵상하고 글을 쓰고 나니 창이 훤하다. 무언가 해야 하고 할 것이 있다는 것이 참 좋은 것 같다.

세상사 시작이 있으면 끝이 있다. 그러나 어떤 사람들은 시작도 하지 않고 좋은 결과만 부러워한다.

시작은 용기 있는 자만이 할 수 있다. 확신과 도전의식이 있어야 가능하다. 미래는 늘 불확실하다. 그래서 누구나 주저하고 가능하면 피하고 싶고 전에 했던 같은 방법이나, 다른 사람의 길을 모방하려고 한다.

누구였던가? '시작이 반' 이라고. 중도에 계획을 수정할 때도 있지만 시작할 때 이미 전체의 이정표를 세운다. 그래서 시작이 중요하다.

귀가 얇은 친구가 있었다. 돈을 좀 벌었다는 사람의 자랑을 들으면 누구나 솔깃해지고 관심이 간다. 그런데 이 친구는 증상이 좀 심했던 모양이다.

주식으로 떼돈을 번다는 소문이 난무하던 시절에 국민학교 동창인 증권회사 지점장을 만났다. 그 후 쉽게 돈 벌기위해 망설이고 알아보고 연구도 했단다. 만류하는 친구의 호의 때문에 처음엔 조금만 투자하다 재미를 본 탓에 과감히 일시불 퇴직금을 전부 투기했다고 한다.

더 이상 말하고 싶지 않다. 단지 그 친구 소식을 누구한테도 들을 수는 없다. TV에 나오는 극한 직업이라 불리는 곳에서 본 것 같다는 말을 들었다.

내가 살았던 곳에서는 '결과보다, 과정' 이라고 했었는데 이렇게 뒷방 사람이 되고 나니, '결과가 좋아야, 과정도 인정받는다.' 라는 말에 공감한다.

그래서 좋아하는 성경구절이 있다. '시작은 미약하나 나중은 창대하리라.' 목적이 선하다고, 모든 수단이 다 선한 것이 아니듯, 용기 있는 시작이라고 결과가 반드시 좋은 것은 아니다.

대부분 인간의 행위는 결과로 판단한다. 단 선한 목적은 죄를 경감 받거나 칭찬에 가산점을 부여한다.

어려서는 부모덕에 살고, 장년시절엔 내 노력으로 살고, 늙어서는 자식 덕으로 산다고 한다. 그런데 이젠 그 말도 바뀐 모양이다. 젊으나 늙으나 아내의 배려가 없으면 살기 힘들단다.

시작은 부모덕에 크게 부족함이 없었는데. 이제 아내의 눈치만 보아야 하니, 남은 세월이 길게만 느껴진다.

그래서 아침마다 아내를 위해 기도한다. 나보다 더 오래 살 수 있도록 건강하고, 날마다 아내 마음이 즐겁게 되기를….

말 따라 가는 인생

잘 나가는 사람이 있었다.

그런데 그는 하루아침에 말 한마디 잘못하여 그동안 쌓아 놓은 모든 노력을 허공에 날리고 말았다.

사람들은 세상을 살면서 가장 중요하게 생각하는 행복, 성공, 출세, 장수 등을 결정하는 요인으로 능력이나 외모, 환경, 가족의 배경, 성격, 선택 등을 말하고 있다.

우리가 습관적으로 쓰는 말 때문에 자기의 인생이 뒤바뀐 사례를 쉽게 찾아볼 수 있다. 개그맨 최양락은 맡은 배역 때문이지만 '괜찮아유~' 를 연발했더니 잘 살고 있고, 장두석이라는 개그맨은 '망했다. 망했다.' 를 자주하다 정말 망했단다. 하나 더 낙엽따라 간 사람도 있다.

요즘들어 조심해야할 3끝에 대해 말하는 사람이 많다.

혀끝, 손끝, *끝.

미국이나 우리나라에 회자되는 어떤 분은 의도를 짐작하기 어렵지만 습관적으로 혀끝을 함부로 놀리고 있다. 지금은 조금 이익을 보고 있는 것 같지만, 부메랑의 원리는 참 냉정하다.

남을 죽이려다 결국 자기마저 죽이고 만다. 더 답답한 사람도 있다. 실패했을 때, 자기 복에는 잘 되지 않는 것이 당연하다고 말하는 사람을 알고 있다. 이런 사람은 남은 것이 있어도 주기 싫어진다.

세상만사 말대로 이루어진다.

말에는 메아리 법칙이 작용된다고 한다. 그 사람이 쓰는 말씨를 보면 그의 미래를 알 수가 있다. 성공한 사람은 긍정적인 언어를 사용한다.

어제 뿌린 말의 씨앗이 오늘의 나를 만들고 오늘 뿌린 말의 씨앗이 내일의 나를 만든다. '믿습니다!' 하고 고백할 때 신앙도 믿는 대로 자란다.

우리나라 여성들이 가장 많이 하는 말. '못살겠다.' 라는 말도 자주하면 정말 못살고 이혼한다. 이혼은 최선의 방법이 아니고 최악의 선택이다. 이유 여하를 막론하고 이혼을 했다고 손뼉쳐 주는 사람은 없다. 결혼은 첫눈에 반해서 할 수 있지만, 이혼은 순간적인 충동의 발로에 의해 단행해서는 안 된다.

마지막 말은 정말 마지막에만 해야 한다. 불 꺼진 난로에 손을 댔다가 화상을 입은 사람이 있다. 생각이 말을 만들고 말이 결과를 만들기도 한다.

행복하다고 말하는 사람은 행복해진다. 즐거워서 웃는 것이 아니라 웃다보니 즐거워진다고 한다. 돈도 들지 않는 말, 조금만 신경 쓰면 행복하고 즐거워진다. 단 해야 될 말과 하지 말아야할 말은 잘 가려서 했으면 좋겠다.

승리의 공식

승리를 갈망하지 않는 사람은 없다.

단지 자신감이 없어 도전을 기피하거나, 속 보일까봐 표현을 안 할 뿐이다. 넘어져서 다칠 것을 걱정하면 절대 앞으로 나갈 수 없다. 배가 항구에 정박해 있으면 가장 안전하다. 그러나 배를 만든 목적은 바다를 항해하기 위해서다. 행해란 아무리 조심하고 계획을 철저히 해도 뜻하지 않는 풍랑을 만나거나 방향을 잃을 수 있다.

자식의 세상도 항해와 같다.

부모가 넘어지지 않도록 모든 것을 다해주려고 해도, 누구나 넘어지게 되어있다. 그래서 현명한 부모는 넘어지지 않는 자식으로 기르려 하지 않고, 넘어져도 스스로 일어설 수 있도록 가르친다.

실패도 승리만큼 가치가 있다.

한 번도 실패해보지 않는 사람은 한번 넘어지면 일어서지 못한다. 그래서 가르치는 현장에서는 시행착오의 훈련을 통해 두려움을 없애고 자신감을 길러준다.

승리도 다 같은 승리가 아니란다.

10할의 승리는 완승이라고 한다. 인간이 할 수 있는 모든 것이 다 만족하고 하늘의 도움까지 있어야 가능하다. 7할의 승리는 신승이라 한다. 자신의 능력도 있었지만 상대의 실수가 있어서 가능하다. 그래서 운이 좋았단다. 5할의 승리는 범승이라 한다. 노력을 하면 환경이나 조건에 관계없이 누구나 이룰 수 있다. 완승하고 나면 완패하기 쉽다. 자기가 모든 것을 할 수 있다는 자만심이 생기기 쉽기 때문이다.

신승은 행운을 너무 믿어서 게으름이 생긴다. 실패한 사람은 두 눈 부릅뜨고 반성하고 노력한다. 그래서 그런 행운은 다음에 거의 오지 않는다.

범승은 용기를 준다. 내가 흘린 땀만큼 결과를 얻었기 때문에 다시 도전하는 마음이 생겨 다음에는 더 나은 결과를 만든다.

5할을 우습게 생각하지 말자. 내가 좋아하는 야구에서 현재 제일 잘 나간다는 최형우도 4할도 못 친다. 열 번 중에 6번을 더 실패한다는 것이다.

너무 큰 승리나 많은 승률을 바라는 것은 과욕이다.

로또 1등 당첨되었다는 사람과 실세 중의 실세라는 사람의 뒷모습을 본 듯하다. 서울역 대합실에서 노숙자 차림을 했고, 이름 대신 번호달린 파란 수의를 입었던 것 같다.

오늘 나는 힘들다.

8승째 계속되던 동호인 GS 연승기록이 지난주에 깨졌기 때문이다. 해외 진출을 고려했는데 아쉽다. 그러나 도전해야할 목표가 하나 더 늘어 열심히 살아야할 이유가 생겨 고맙다.

아픈 청춘을 위하여

젊다는 건 기회가 많다는 의미다. 기회가 많다는 것이 꼭 높은 성취를 뜻하지는 않지만 노력과 정성을 쏟는 정도 여하에 따라 결과는 분명히 달라진다.

요즈음 젊은이들은 나름대로 삶이 팍팍하다고 한다. 취업 경쟁이 심해지면서 자꾸 더 높은 스펙을 쌓아가고 있지만, 오히려 무거운 짐만 더 늘고 등용문은 바늘구멍이라고 한탄이다.

또 자신의 능력은 생각지도 않고 남들이 다 말하는 수준으로 눈만 높아져, 힘든 일은 원하지 않고 편하고 깨끗하고 높은 보수에만 연연하여 늙은 부모에게 보호받고 있는 청춘이 늘어가고 있다고 한다.

누군들 좀 더 나은 삶을 원하지 않을까? 그러나 소망과 현실은 다르다. 최선이 아니면 차선도 받아들여야 하는 것이 세상이다.

이제는 지나치게 학력에 의존하지 말자, 학교를 졸업했다고 능력이 검증되는 것이 아니다. 내가 얼마나 무엇을 할 수 있느냐를 증명하여야 하는 게 현실이다. 처음 시작을 작게, 늦게 출발하였지만 나중에 크게 성공하는 것이 진정으로 성공한 사람이다.

나의 적성과 성향에 적합한 일을 찾아보자. '변화의 멀미를 두려워하지 말자.' 조수석에 앉으면 멀미를 더 한다고 한다. 자신의 목표를 향한 핸들을 단단히 잡고 운전석에 앉으면 멀미 걱정은 없다. 아니 멀미를 걱정할 시간이 없다.

설레이는 내 청춘을 남에게 의존하지 말자. 세상이 나를 받아주지 않는다고 투덜거리지도 말고, 스스로 자기 세상을 만들어 보았으면 좋겠다.

젊음은 아름답다. 청춘을 누구도 함부로 무시할 수 없다. 그것은 무한한 가능성이 있기 때문이다. 그래서 또 청춘은 아프기도 한다. 어디로 가야할지, 무엇을 해야 할지 궁금하고, 걱정이 되기 때문이다. 깊이 생각을 하되 변명거리를 찾지 말고, 망설이지도 말자. 위로받기를 원하거나, 현실에 묶여있는 사람은 청춘을 누릴 자격이 없다.

머뭇거리다보면 청춘은 지나가고 없다.

오늘의 내 선택이 내일의 내 모습을 만들어 간다.

아!
나에게 또 다시
청춘이 돌아온다면….

신의 한 수

누구나 최고의 선택을 위해, 완벽한 승리를 위해 신의 한 수를 찾아 헤맨다. 그래서 누구 아들은 오늘도 부모 속 타는 것을 무시하고 벼락 맞고 감전되는 사랑을 찾고 있다.

그런데 소중한 것은 지나고 봐야 깨닫게 되는 것이 진리이다.

성공한 사람은 지나기 전에 예측 가능한 선택을 하고 최선을 다 한다. 나도 헤어나기 어려운 환경에서 신의 한 수에 버금가는 선택을 하여 지금 여기에 있다.

조금 어리바리 하지만 상황을 파악하고 결단을 내리는 능력은 탁월하다고 한다. 그것은 타고 난 것은 아니고 남들이 편히 쉴 때 늦게까지 살벌한 게임 정글에서 졸린 눈 비비고 쌓은 능력이다.

먼 미래를 내다보고 교대를 갔고, 한 여자에게 모든 것을 다 걸기도 하였다. 가끔은 말하기도 한다. 교대를 다니면서도 끊임없이 되돌아 가려했고, 소개팅 한번 못해 본 아쉬움을….

이러한 선택의 결과가 항상 100%는 아니다.

그러나 내가 할 수 있는 최선을 다했기에 나는 만족한다.

늘 말하지만 나머지는 신의 영역이다. 그것은 내가 어찌하지 못하므로 받아들인다. 그래서 변비도 없고 머리와 뱃속이 편하다.

지구의 종말인 설국열차에서도 1등 칸이 목표이지만 단번에 그곳에 오르지 못한다. 완벽한 찬스를 잡으려는 사람은 다음 생을 기다리거나 3등 칸도 오르지 못하고 한겨울에 다른 사람 집 문을 두드리게 된다.

현명한 자는 가능한 3등 칸에 승차한 후에 그곳에서 쉬지 않고 달린다. 최고는 아니지만 차선은 된다.

나는 쓰리고 보다 투고를 선호한다.

모든 것이 때가 있고 가능한 범위가 있다. 너무 잘 나가는 사람을 부러워할 것도 없다. 나도 그때가 되면 그곳에 설 수도 있고 지금은 없는 물건이나 자리가 생겨날 수도 있다.

가능성이 없다고 판단하여 포기하는 것은 죄악이다. 왜냐하면 그런 뜻으로 내가 이 땅에 태어난 것이 아니다.

달리다 넘어져도 그래도 거기까지는 온 것이다.

힘들지만 노력하며 살다보면 살 수 있는 능력도 생긴다고 한다. 그래서 우리는 신씨네 헬스장에서 그 힘든 만큼 능력을 기르려고 힘든 운동을 참고 한다.

내가 만든 신의 한 수는 땀과 눈물이 있어 더욱 자랑스럽고 가치있다는 생각을 자주한다.

학교에서는

며칠 전 교장 세미나에서 들은 초청강사의 말 한마디는 가슴 깊은 곳에서부터 전율처럼 짜릿한 공감으로 수없이 많은 질문과 묵상을 내게 던져주었다.

'가르친다는 것은 희망을 이야기 하는 것이다.' 가르치는 자? 그렇다면 교사를 가리키는 말이구나. 아니 가르치는 사람은 교사만은 아니지, 나도 내 자식을 늘 가르치고 있지 않는가? 그렇구나! 교사가 되었든 부모가 되었든 가르칠 때는 과거를 꾸짖지 말고 좋은 점과 발전 가능성을 긍정적으로 표현하고 공감을 나누어야 한다는 것이다.

내가 아이들을 가르치던 옛날에는 주로 내가 만든 규정과 학습 방법으로 열심히 가르쳤었다. 다행히도 그때 우리 아이들은 지금보다 선생님 속을 덜 썩였던 것 같다. 아니 요즈음 아이들은 학원, 게임, 스마트폰, 메이커 옷 가방, 왕따 따돌림 등 수없이 많은 스트레스로 어른들이 상상하지 못한 세상을 방황한다고 한다. 그래서 더욱더 교실에서는 일방적인 선생님이 아닌 아이들과 함께 협의하고 토의하며 고민하여 희망을 이야기해야 한다.

비교적 말이 통하는 우리 행정실에 가서 '학교에서는 희망을 이야기해야 한다.' 고 역설했다. 처음에는 무슨 말인지 몰라 어리둥절했지만, 학부모나 선생님, 학생들의 엉뚱한 요구까지도 '안 된다. 예산이 없다. 규정에 어긋난다.' 라고 이야기 하지 말고 '고려해보겠다. 조금씩이라도 반영하겠다. 방법을 찾아보겠다.' 라고 하는 것이 희망을 이야기 하는 것이라는 말에 상당히 공감하는 눈치이다.

조금 밝히기 꺼려지는 이야기이지만 이번에 3학년 남자어린이 3명이 친구가 괴롭힌다고 117에 신고하여 담임교사가 여러 날을 상황파악하고 애들 상담, 학부모 면담하느라 고생하였지만, 결국은 교사들로 구성된 학교폭력전담기구 협의회를 개최하여 학생, 학부모, 교사위원이 모두 출석하게 되었다.

위원장인 교감선생님이 하신 말씀 중 '오늘 이 모임은 단순히 가해학생의 잘못을 확인하고 징계를 하기 위함을 넘어서 가해학생이 반성하고 변화된 생활모습으로 바뀌는 것과 피해학생의 상처를 치유하고 함께 즐거운 학교생활을 할 수 있도록 도와주는데 목적이 있다.' 라는 인사말을 듣고 참석한 모든 분들이 모두 공감하여 담임 종결로 잘 마무리되었다.

그렇다. 학교에서는 아니 학교교육을 실천하는 현장과 교실에서는 학교구성원인 학부모, 학생, 교사, 지원자인 학교장과 행정실 직원까지 모두 희망을 이야기해야 한다.

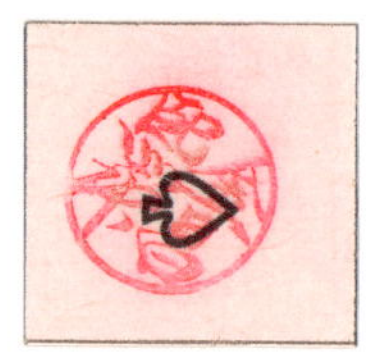

계간문예수필선 109

삶을 깨우는 아침단상

초판 인쇄 | 2018년 3월 30일
초판 발행 | 2018년 4월 7일

지 은 이 | 김창희
회　　장 | 서정환
발 행 인 | 정종명
편집주간 | 차윤옥

펴낸곳 | 도서출판 계간문예
편집부 | 03132 서울 종로구 삼일대로 30길 21 종로오피스텔 808호
주소 | 03132 서울 종로구 삼일대로 32길 36 운현신화타워 305호
전화 | 02-3675-5633, 070-8806-4052
팩스 | 02-766-4052
이메일 | munin5633@naver.com
등록 | 2005년 3월 9일 제300-2005-34호
ISBN 978-89-6554-179-0 04810
ISBN 978-89-6554-133-2 (세트)

값 15,000원

이 도서의 국립중앙도서관 출판예정도서목록(CIP)은 서지정보유통지원시스템 홈페이지(http://seoji.nl.go.kr)와 국가자료공동목록시스템(http://www.nl.go.kr/kolisnet)에서 이용하실 수 있습니다. (CIP제어번호: CIP2018009898)